古典文獻研究輯刊

十四編

潘美月・杜潔祥 主編

第20冊

《紅樓夢》伊藤漱平日譯本研究

丁瑞瀅 著

國家圖書館出版品預行編目資料

《紅樓夢》伊藤漱平日譯本研究／丁瑞瀅 著 — 初版 — 新北市：
花木蘭文化出版社，2012〔民101〕
目 2+156 面；19×26 公分
（古典文獻研究輯刊 十四編；第20冊）
ISBN：978-986-254-853-0（精裝）
1. 伊藤漱平 2. 紅學 3. 研究考訂
011.08   101003006

ISBN-978-986-254-853-0

9 789862 548530

古典文獻研究輯刊
十四編　第二十冊   ISBN：978-986-254-853-0

《紅樓夢》伊藤漱平日譯本研究

作　　者　丁瑞瀅
主　　編　潘美月　杜潔祥
總 編 輯　杜潔祥
企劃出版　北京大學文化資源研究中心
出　　版　花木蘭文化出版社
發 行 所　花木蘭文化出版社
發 行 人　高小娟
聯絡地址　新北市永和區中正路五九五號七樓
　　　　　電話：02-2923-1455／傳眞：02-2923-1452
網　　址　http://www.huamulan.tw 信箱 sut81518@gmail.com
印　　刷　普羅文化出版廣告事業
初　　版　2012 年 3 月
定　　價　十四編 20 冊（精裝）新台幣 31,000 元

《紅樓夢》伊藤漱平日譯本研究

丁瑞瀅　著

作者簡介

丁瑞瀅
台灣雲林縣麥寮鄉人
銘傳大學應用中國文學研究所 碩士
國立空中大學人文學系畢業
研究領域：清代小說，紅學
嗜好與興趣：旅遊、閱讀、寫作
原本學商的作者，發現自己對中國文學的喜愛，進入中文研究所後，以研究《紅樓夢》為目標。

提　　要

　　對讀者而言，《紅樓夢》不僅是一本吸引人的精采小說，更是由數千年中華文化所累積而成，豐富的寶藏。隨著國與國之間的距離縮小，語言與語言之間的交流頻繁，異文化間的交流需要的便是翻譯。翻譯《紅樓夢》的譯者除了必須是原作與譯本讀者的中間人外，尚需具有豐富的知識與深厚的學力。

　　曹雪芹用十年的時間寫成《紅樓夢》，日本紅學家伊藤漱平，用了五十年的時間不斷翻譯、改譯，並研究它。其譯文的優美與嚴謹，並不遜於原作。本論文由各種角度，探討伊藤漱平譯本《紅樓夢》之特色成就、四次改譯本間的差異與精進及其紅學研究成果。

　　本論文的內容分為六個部份：

　　第壹章緒論：說明前人研究成果、研究動機、研究範圍、研究方法。

　　第貳章曹雪芹與伊藤漱平：略述《紅樓夢》的作者曹雪芹、及成書經過，《紅樓夢》編校者俞平伯，譯者伊藤漱平的生平與紅學成就。

　　第參章《紅樓夢》在日本：探討《紅樓夢》在日本之流傳與翻譯、對日本的影響與伊藤漱平翻譯《紅樓夢》之始末。

　　第肆章四次譯本比較：由參考資料、內容、附錄來比較伊藤漱平四次譯本。

　　第伍章伊藤譯本之特色與成就：歸納伊藤譯本之翻譯特色、譯本中的文史知識與貢獻及語言表現方法。

　　第陸章結論：歸納伊藤譯本之意義與貢獻、及本文之成果與未來研究方向，並簡述心得與感想。

謝　誌

　　從一位喜愛《紅樓夢》的讀者，到能以《紅樓夢》為題，完成這本論文，需要感謝許多人。

　　本論文主要的研究對象伊藤漱平先生，於 2009 年 12 月 21 日仙逝。享年 84 歲。其一生盡心於教育，致力於《紅樓夢》之翻譯與研究，對中日學術的交流與發展有著不可抹滅的功勞。藉此論文，向已逝的伊藤漱平先生致敬。

　　師長的支持，是論文能完成最大的助力。從一開始向指導教授提出研究計畫，決定要著手這個旁人都覺得領域過於困難的題目時，游秀雲教授對我能力的信任，使我能堅持自己的理想。不論論文寫作初期的心理建設、論文寫作期間給予我最大的發展空間，及論文修改時不厭其煩重覆校閱。都是支持我繼續努力的最大動力來源。

　　日文系的賴衍宏老師，不但提供我各種實用的補充資料、對我提出的問題皆仔細周詳的解說。即使目前他在日本東京大學，繼續攻讀博士學位，依然在學業繁忙時辛苦的校閱我從臺灣寄給他的論文。只有一面之緣的韓國高麗大學崔溶徹教授，也熱心的給予我鼓勵並提供我最新的《紅樓夢》日韓翻譯界近況。

　　父母家人不論在精神、實質上皆對我無條件的支持。尤其是母親，她在論文接近完稿時，每天早上戴著老花眼鏡，一字一句，仔細謹慎的反覆幫我校對。在英國求學的弟弟，對我最為嚴格，每天都會詢問我的論文進度。外子家宏與兩個寶貝女兒小米、阿福使我的生活精采豐富、歡樂滿足。

　　資料收集遇到困難時，幸而有在各大學讀書的弟妹們，他們時常得蹲在圖書館的角落，翻找與自己學習領域完全不同沾著灰塵的書。班上熱心的同學們：佩華、美秀、冠偉、品貝，不論在何時，都給我最直接的支持。

丁瑞瀅　謹誌

二〇一一年六月二十日

目次

第一章 緒 論

　　《紅樓夢》在這數百年來，深植於無數讀者心中。《紅樓夢》中多釆多姿的內容，是由數千年中華文化所累積而成。在《紅樓夢》一書中，讀者可以接觸到戲曲、詩詞、思想哲學、養生醫學……。對讀者而言，《紅樓夢》不僅是一本吸引人的精釆小說，更是一個豐富的寶藏。

　　不論文學的傳出或傳入，翻譯都佔了很重要的角色。李達三與劉介民於《中外比較文學研究》中提及：

> 在承受的傳遞活動中，翻譯是極為重要的一環。到目前為止，中文
> 的翻譯研究，除了少數例子，泰半仍在羅列譯文錯誤實例的層
> 次，……翻譯不但是詮釋行為，也是譯者本人的承受過程。而由於
> 語言習慣及模式的歧異，譯者筆下的最後成果是不能對等於其本人
> 對原作的理解。〔註1〕

提到翻譯，似乎就令人想到「次等」一詞，認為做翻譯的人因為沒有創作的才華，才做翻譯，翻譯的作品自然就遜於原作。細讀伊藤漱平的《紅樓夢》譯本，才知道其實不然，翻譯，乃是作者與譯者的對話。

　　自日文推行拼音以來，中國文學若欲讓更廣大的日本讀者接受，必須依賴優良的譯本。閱讀中國古典文學的風氣，在日本社會十分普及。這必須歸功於日本學者對中國文學嚴謹認真的研究態度。至目前為止，《紅樓夢》已有二十二種文字、數十種版本的翻譯本，其中以日文與韓文譯本居多。

　　翻譯工作者投注了如此多的精力，而且不厭其煩地重譯、再譯，致

〔註1〕 李達三、劉介民主編，《中外比較文學研究》第一冊下，臺北市：台灣學生書
　　　　局，1990 年 9 月 1 日，頁 480。本書為求書目出版日期統一，故將出版日期
　　　　統一為西元年。

力於向世界各國讀者介紹《紅樓夢》，對於擴大這部名著的世界影響，從而使紅學成爲漢學中重要學問之一，應該說是起了直接作用的，厥功甚偉。……然而，翻譯難，尤其是翻譯《紅樓夢》這樣的名著更難。這不僅是由於《紅樓夢》本身因具有百科全書的性質要求譯者具有豐富的知識和深厚學力，更由於牽涉到不同文化背景和語言習慣。作爲介於原作與譯本讀者之間的中間人，翻譯工作者除了必須忠實地傳遞原著的語言、文化等信息外，同時還要兼顧讀者的心理，使讀者儘量得到與原文讀者相同或相似的感受，則讀者面對的實際困難可想而知的。〔註2〕

《紅樓夢》本身就如一本百科全書，譯者需具有豐富的知識與深厚的學力。譯者作爲原作與譯本讀者之間的中間人，必須牽繫不同的文化背景與語言習慣。除了忠於傳遞原著的語言、文化等各種信息外，同時還要兼顧讀者的心理，譯者所需面對的實際困難可想而知。隨著國與國之間的距離縮小，語言與語言之間的交流更加頻繁，異文化間的交流需要的便是翻譯。曹雪芹用十年的時間寫成《紅樓夢》，伊藤漱平〔註3〕卻用五十年的時間不斷翻譯、改譯，其譯文的美與嚴謹，並不遜於原作。對於《紅樓夢》的研究，更是終其一生孜孜不倦。過世之前尚致力於汲古書院刊行之《伊藤漱平著作集》全集的編著，其中的第一至第三卷即爲《紅樓夢編》，〔註4〕本文基於對伊藤漱平的敬佩，故將伊藤譯本〔註5〕作爲研究對象。

第一節　研究動機

　　台灣許多大學的書庫，皆典藏了伊藤漱平的日譯本《紅樓夢》，本校圖書館亦收藏了一套伊藤漱平初譯的版本：平凡社出版之古典文學全集版《紅樓夢》。初見此譯本，對此譯本目次中，每一個回目的翻譯文字之精心設計，贊歎不已，試舉數例：

〔註2〕趙建忠，《紅學管窺》，長春市：吉林人民出版社，2001年12月1日，附錄。

〔註3〕顧及論文行文的通順，凡本書中所提及之學者、先進、前輩皆省略稱謂。

〔註4〕汲古書院刊行之《伊藤漱平著作集》共分五卷：第一卷《紅樓夢編·上》，第二卷《紅樓夢編·中》，第三卷《紅樓夢編·下》，第四卷《中國近代文學編》，第五卷《中國近現代文學·日本文學編》全書於2010年12月21日出版完成。

〔註5〕伊藤漱平日文翻譯本《紅樓夢》，簡稱爲伊藤譯本。

第一回

　　甄士隠　夢に通霊玉を知るのこと

　　賈雨村　浮世にて佳人を思うのこと

第五回

　　幻境に遊びて　十二釵に首を捻るのこと

　　仙酒を酌みて　紅楼夢の曲を聞くのこと

第十一回

　　寿辰を祝い　寧邸　家宴を張るのこと

　　熙鳳に逢い　賈瑞　淫心を起すのこと〔註6〕

　　伊藤漱平將原文中對仗排列整齊的回目，用日文精心巧譯，使得日文版的回目不論發音、文意、對仗、排列，都令人有再往下閱讀內文的興趣。伊藤譯本中詩詞、情節都經過嚴謹的安排。筆者因已熟讀原文，初讀伊藤譯本譯文第一回，驚覺有如讀到原文般的閱讀感受，譯文與原文之間沒有落差，可以知道譯者致力於將原文完整呈現給日本的讀者。再閱及第一回回末的註釋，其中豐富的紅學相關資料，有取自脂評、取自其他紅學家的研究而來，或伊藤漱平自己歸納而得。如註三中解釋「大荒山」與「無稽崖」時，便提到脂硯齋之評語：「大荒山是非常荒誕之意、無稽崖爲沒有根據之意，脂硯（大荒山はでたらめもはなはだしの意、無稽崖は根拠もなしの意。（脂硯））」；〔註7〕另外註九中，對「至吳玉峰題曰紅樓夢」此句的解釋：「此處原文「至吳玉峰題曰紅樓夢」乃根據甲戌本補入，吳玉峰爲作者曹霑之弟棠村假託之名（甲戌本欄外被寫上脂硯齋？評論據自胡適之說）（この箇所原文『至吳玉峰題曰紅楼夢』を「甲戌本」により補入す。吳玉峰は作者曹霑の弟棠村の仮託の名か。（「甲戌本」の欄外に付された脂硯斎？の評による胡適の説）」〔註8〕由於註中引了脂評、胡適等人之說，用心程度已非單純只是譯本，譯者的認眞與對《紅樓夢》的熱情，是本文以伊藤漱平譯本爲研究對象最主要的動機。

〔註6〕曹雪芹原作，伊藤漱平訳，平凡社中国古典文学全集《紅楼夢》，東京都：株式会社平凡社，1960年2月21日，目次。

〔註7〕同註6，頁15。

〔註8〕同註6，頁15。

　　《紅樓夢》這部小說在日本的流傳與接受度如何？《紅樓夢》是由何時傳入日本？傳入後何時才有第一本譯本產生？經過資料搜集，發現不論是胡文彬的翻譯史專書《紅樓夢在國外》、或是其他涉及《紅樓夢》日本流傳翻譯史的研究論文期刊，原始的資料皆來自於伊藤漱平的論文：〈日本における『紅楼夢』の流行──幕末から現代までの書誌的素描〉，由於此篇論文對紅學研究的影響力，伊藤漱平在紅學界的重要性與地位，也是本文以其譯本爲研究目標的動機之一。伊藤漱平是日本漢學界，第一位專注於《紅樓夢》研究的紅學家，在世界紅學界也佔有一席之地。對於在日本推廣《紅樓夢》的工作一直不遺餘力，高齡八十依舊到各地講授《紅樓夢》，講授的題目也充滿新意，可知其對研究的熱心一直不減，是《紅樓夢》在日本一直有忠實讀者的主要推手。

　　在確定研究目標爲伊藤漱平譯本《紅樓夢》四次譯本中，最後完成的版本時，對伊藤譯本四次改譯的緣起與成書情況爲何？伊藤譯本在讀者間的評價與其流傳性如何？與其他譯本比較之下，伊藤譯本的特色與地位如何？伊藤譯本的地位與評價得到釐清之後，對譯文的探討及四次譯本的比較等問題，產生想更深入探究的動機。

　　對受中華文化養成的讀者而言，《紅樓夢》書中的一切可以自然而然領會，但是其他文化背景的外國讀者，就必須仰賴優良的翻譯本。自西元一七九三年〔註9〕起，第一本《紅樓夢》流傳到日本長崎，〔註10〕之後《紅樓夢》也陸續傳到世界各國。產生了各種語言的譯本，影響了全世界千千萬萬讀者，成爲世界各國人民共同的財富。〔註11〕中日兩國的文化交流已有數千年的歷史，大量的文學作品在中日兩國間流傳、翻譯。《紅樓夢》流傳至日本後，受到日本文人的喜好，甚至以《紅樓夢》爲語言教材。在《紅樓夢》逐漸受到日本人民喜好與接納之後，日文譯本也隨著需求應運而生。由摘譯本、節譯本至全譯本，〔註12〕日文譯本有完整的發展歷程，也產生了多部重要的譯本。

　　伊藤漱平是日本漢學家中最致力於《紅樓夢》相關研究的學者，他對《紅

〔註 9〕　清乾隆五十八年，本書於文中皆標示西元年，中國年號與日本年號皆補於備註。

〔註10〕　伊藤漱平，〈日本における『紅楼夢』の流行──幕末から現代までの書誌的素描〉，《中国文学の比較文学の研究》，1986 年 3 月 31 日，頁 453。

〔註11〕　《紅樓夢》不僅傳入日本、朝鮮、泰國、緬甸、新加坡等亞洲國家，而且它於十九世紀開始傳到了歐洲的俄國、德國、阿爾巴尼亞、荷蘭、西班牙等國家。它被翻譯成二十多種語言文字。同註 6，自序頁 1。

〔註12〕　同註 10，頁 6～11。

樓夢》研究精深、紅學研究著作豐富，堪稱是日本最具代表性與影響力的紅學家。伊藤漱平用了六年時間，完成一百二十回全譯本《紅樓夢》，可以清楚的看出他對《紅樓夢》的執著與熱情。由於伊藤漱平嚴謹的治學態度，在數次出版時皆對這部譯作有所改譯與補註。也使得這部日譯《紅樓夢》，成為所有日譯本中最具影響力，且流傳最廣的作品。

一、前人研究成果

　　專論《紅樓夢》翻譯之論著，在大量的版本、考證、曹學等紅學專著中屬於少數。與英譯本相比，日譯本《紅樓夢》的研究，較不受到重視，畢竟英文是世界共通的語言，因此受到的矚目自然多於日譯本。由伊藤漱平的〔註13〕〈日本における『紅楼夢』の流行──幕末から現代までの書誌的素描──〉〔註14〕一文開始，至胡文彬的專書《紅樓夢在國外》止。《紅樓夢》在日本的流傳史，已研究至伊藤漱平出版的三次改譯本紅樓夢。《紅樓夢》於清乾隆五十八年（西元 1793 年），自浙江乍浦港漂洋過海，流傳到東鄰日本的長崎。這是到目前為止，我們所能見到，《紅樓夢》流傳到國外的最早記載。這些記載，都是伊藤漱平先生考證而得。紅學家胡文彬曾言：

> 近二百年的《紅樓夢》流傳史再一次向人們說明，一部具有民族風格的優秀文學作品，它不僅能感動本國民族、本國人民，而且也必然贏得不同民族、不同國家人民的重視和喜愛……，正因為如此，當我們深入探討《紅樓夢》的思想成就和藝術價值的時候，就不能不了解和研究這部偉大的古典名著在國外的流傳、翻譯、研究和影響。這個內容不僅應該成為紅學史上重要的一章，而且在中國小說史、文學史上也應該有一席之地。但是長期以來，由於種種的原因，人們很難對這一領域進行探索，我們的小說史、文學史中始終缺少這方面的描述，就是一些專門的中外文化交流史著作中也很少涉及這一方面的內容。〔註15〕

〔註13〕此文洋洋四萬言左右。由於史料性強，在世界紅壇上都曾產生過很大的影響。孫玉明，〈伊藤漱平的紅學成就〉，紅樓夢學刊，2005 年第一輯，頁 267。
〔註14〕伊藤漱平，〈日本における『紅樓夢』の流行──幕末から現代までの書誌的素描──〉，《中国文学の比較文学の研究》，1986 年 3 月 31 日。
〔註15〕胡文彬，《紅樓夢在國外》，北京市：中華書局，1993 年 11 月，自序頁 1～3。

兩岸三地及國內外的《紅樓夢》研究專著，對《紅樓夢》的流傳及翻譯史皆只有極少的篇幅，著墨甚少。如宋隆發的《紅樓夢研究文獻目錄》；王麗娜的《中國古典小說戲曲名著在國外》；〔註16〕李樹果的《日本譯本小說與明清小說》；〔註17〕鄭茂清的《中國文學在日本》〔註18〕等。以上專書，皆只限於對各種《紅樓夢》日譯本書目簡單的提要，並未對各《紅樓夢》翻譯本的特色，以及優缺點有所評論。只有岑佳卓於《紅樓夢探考》〔註19〕中寫到伊藤漱平對紅學的貢獻，但對伊藤譯本或其他譯本的特色，也未曾評論。而編輯上述各專書的諸前賢作品，也是自伊藤漱平的〈日本における『紅楼夢』の流行——幕末から現代までの書誌的素描〉這一篇論文中節錄而來。較近期的譯作，飯塚朗於沖積社出版之《私版・紅樓夢》。以及新近出版，與《紅樓夢》有關的創作作品等相關資料，散見於各論文期刊中，目前尚無專文將上述資料歸納集結。

　　近年來，由於世界各國的距離拉近，學習中文的風氣大盛，紅學家也重新注意翻譯與流傳史的重要性。因此韓國高麗大學的崔溶澈，由專研韓譯本《紅樓夢》，進而對日譯本也開始涉獵，〔註20〕尤其著重於日韓兩國譯本間相互的影響與關係。不但釐清了中國的《紅樓夢》如何傳入日韓這兩國，以及兩國的譯本如何流通與相互影響，也爲《紅樓夢》的翻譯流傳史找到一條嶄新的研究之路。

　　另外中國紅學家孫玉明，陸續於《紅樓夢學刊》中，發表了〈日本紅學的奠基人"森槐南"〉、〈伊藤漱平的紅學成就〉等期刊論文。從論文的題目可以得知，孫玉明近年來對日本紅學界的研究成果多有關注。在孫玉明之前，尚無以森槐南及伊藤漱平等日本紅學家爲專文的論文。孫玉明所發表之〈伊藤漱平的紅學成就〉，對伊藤漱平的成就分述如下：在「生平及其翻譯成果」此部份，將伊藤漱平的翻譯著作，依生平中所描述的時間依次編列。關於譯本的詳述，孫玉明主要針對一九七八年十一月一日出版，較舊版本之譯本中附錄的論文有那些，做詳盡的介紹，並未將四次譯本全數對照。此外，此文

〔註16〕王麗娜，《中國古典小說戲曲名著在國外》，上海：學林出版社，1988 年 8 月。
〔註17〕李樹果，《日本譯本小說與明清小說》，天津市：天津人民出版社，1998 年 6 月。
〔註18〕鄭茂清，《中國文學在日本》，臺北市：純文學出版社有限公司，1981 年 10 月。
〔註19〕岑佳卓編著，《紅樓夢探考》，臺北市：岑佳卓出版，1985 年 9 月。
〔註20〕崔溶澈，〈紅樓夢在韓國的影響及研究〉，中國文哲研究的回顧與展望論文集，1992 年 5 月 3 日。

亦將伊藤漱平之數篇論文中，〔註21〕對自己的譯作所用之底本，前後論述發生的錯誤，做了分析比對。〔註22〕「資料的搜集與信息的關注」，此節大致分析：伊藤漱平如何致力於《紅樓夢》資料的收集、並詳列伊藤漱平介紹這些資料的相關論文。此節的內容完整而仔細，可做為研究伊藤漱平之基本資料。「執著而又嚴謹的治學態度」，此節著重於伊藤漱平對學術執著不懈的治學態度。孫玉明覺得，伊藤漱平可以經年為了某一個紅學問題鑽研其中，慢慢的整理出頭緒來。「猜紅索綠費精神」，此節中認為伊藤漱平鑽研考證《紅樓夢》時不但費盡心神推演猜測，更膽大心細的假設，主要是因為伊藤漱平受到中國「新紅學考證派」很深的影響，因此孫玉明將伊藤漱平也歸入「新紅學考證派」，〔註23〕甚至覺得伊藤漱平用了不少索隱派的考證方法。「與吳世昌的筆墨官司」一節中，將伊藤漱平與吳世昌之間所發生的論爭始末，鉅細靡遺地描述。此論文將伊藤漱平在紅學上所做的努力與成就全部著錄下來，是近期內，伊藤漱平之生平與學術成就，非常齊全且重要的參考資料。

二、研究步驟

本文的研究步驟：首先，閱讀伊藤漱平於平凡社出版的全十二冊，一百二十回，ライブラリー版《紅樓夢》。再收集伊藤漱平前三次出版的譯本，比較對照其中的異同，如：四次版本中，解說所收錄的研究文章之不同、參考底本之變更……。再選定以最後改譯之版本，也就是ライブラリー版為主要的研究對象。另也收集了富士正晴與武部利男所譯之前八十回全譯、後四十回節譯之《紅樓夢》。以及松枝茂夫與飯塚朗譯本之部份譯文，以作為與伊藤譯本比較對照之用。其中也對照伊藤譯本所用的底本；俞平伯校訂之《紅樓夢八十回校本》，〔註24〕分析歸納後，期望能還原比較出中日文《紅樓夢》的

〔註21〕孫玉明所指的論文為：伊藤漱平所著之〈日本における『紅楼夢』の流行——幕末から現代までの書誌的素描〉、〈《紅樓夢》研究日本語文獻，資料校本〉。
〔註22〕本書並未將此錯誤歸類於伊藤漱平撰寫上的錯誤。而是將之認為，伊藤漱平於論文中提及俞平伯校本後四十回時，時用「程甲本」、時用「俞平伯校本後四十回」，是指同樣的底本，而非撰寫錯誤。參見本書：第三章第三節二～一、第三章第三節二～二。
〔註23〕本書在研究過程中，並未如孫玉明這篇論文所言，將伊藤漱平歸入任一個派別。但於第四章探討伊藤譯本內容時，列出數個伊藤漱平運用偏向索隱方法的例子。參見本書：第四章第一節之二；第四章第一節之四……。
〔註24〕曹雪芹原著、俞平伯校訂，《紅樓夢八十回校本》，香港：中華書局香港分局，

差異。

　　爲了研究譯者伊藤漱平之生平與著作，以及其紅學成就，收集了《伊藤漱平教授退官記念　中国学論集》，〔註25〕以及伊藤漱平自娛選集《児戲生涯——一読書人の七十年》〔註26〕、《今古奇觀下、嬌紅記》〔註27〕、《われら愛情の種をまく》〔註28〕等書籍。並收集發表於日文期刊，以及各種《紅樓夢》專門期刊中的單篇論文，整理出伊藤漱平於出生至退休前後的生平大事。退休後的生活則由新聞、退休後擔任教職的二松學舍所發行之學刊，以及立命館大學之刊物與資料庫上的資料。大致整理出伊藤漱平退休後的各種活動，希望使本文所述伊藤漱平之生平能更爲完整豐富。

　　《紅樓夢》日譯本的流傳史，則收集前人研究成果，如：胡文彬的《紅樓夢》翻譯流傳史、伊藤漱平的日譯本流傳史相關論文。另自著名的紀伊國屋書局、亞馬遜書店等書局的出版資料，以及平凡社、汲古書院、岩波書店、文藝春秋、講談社等出版社的資料庫與書評，收集近期與《紅樓夢》相關的作品資料，歸納出完整之《紅樓夢》在日本的流傳翻譯史。並從許多《紅樓夢》綜合研究專書中，搜集到簡短的《紅樓夢》翻譯史，作爲補充資料之用。

　　撰寫日譯本特色之探討，則輔以比較文學與翻譯學研究之相關書籍，以及與翻譯文學相關之學位論文，如《千羽鶴中譯本比較》〔註29〕、《林語堂京華煙雲（張譯本）之研究》〔註30〕、《聊齋志異與日本近代短篇小說的比較研究》〔註31〕、《阿Q正傳日本語譯本比較》〔註32〕等與本文類似之研究，以及台灣、日

1975 年 1 月。

〔註25〕伊藤漱平教授退官記念中国学論集刊行委員会，《伊藤漱平教授退官記念　中国学論集》，東京都：汲古書院，1986 年 3 月 31 日。

〔註26〕伊藤漱平，《児戲生涯——一読書人の七十年》，東京都：汲古書院，1994 年 10 月。

〔註27〕伊藤漱平、駒田信二、立間祥介訳，《今古奇觀下、嬌紅記》，東京都：株式会社平凡社，1979 年 10 月 1 日。

〔註28〕伊藤漱平訳，中国現代文学選集《われら愛情の種をまく》，東京都：株式会社平凡社，1963 年 7 月 5 日。

〔註29〕林淑鈴，《千羽鶴中譯本比較》，輔仁大學翻譯學研究所碩士論文，1996 年 6 月 1 日。

〔註30〕宮以斯帖，《林語堂《京華煙雲》（張譯本）之研究》，中國文化大學中研所碩士論文，1992 年 6 月 1 日。

〔註31〕黑島千代，《聊齋志異與日本近代短篇小說的比較研究》，中國文化大學中研所碩士論文，1989 年 1 月 16 日。

〔註32〕鹽谷啓子，《阿Q正傳日本語譯文比較》，輔仁大學翻譯學研究所碩士論文，

本、中國各地的相關期刊，用以補充本文於比較文學的不足之處。《源氏物語》
在日本的地位與《紅樓夢》在中國的地位相同，因此《源氏物語》的翻譯者，
林文月所著之翻譯相關論文及專著，也是主要的參考文獻。如《源氏物語》〔註
33〕、《枕草子》〔註34〕、《和泉式部日記》〔註35〕等書，以對照文學作品日譯中
與中譯日，兩種翻譯作品之異同。

三、《紅樓夢》伊藤譯本之流傳

　　日譯本《紅樓夢》目前在日本流通較廣者：以岩波書店出版，松枝茂夫
所譯之一百二十回《紅樓夢》；沖積舍出版，飯塚朗所譯之《私版紅樓夢》；
伊藤漱平所譯，平凡社出版的全三冊奇書シリーズ《紅樓夢》，與平凡社出版
之全十二冊ライブラリー版《紅樓夢》等版本為主。

　　松枝茂夫譯本與伊藤漱平的奇書系列譯本，於市面上訂購不易，但由於
此二版本在日譯《紅樓夢》各版本中所佔的地位重要，因此日本各大圖書館
均藏有此兩套書。台灣某些較具規模的圖書館，仍能尋及伊藤譯本的早期版
本。飯塚朗的《私版紅樓夢》出版年較晚，發行量可能不多，因此各大書店
皆已無存貨，亦難訂購入手。伊藤漱平日譯本的奇書シリーズ《紅樓夢》三
冊，在各大書局尚有少量庫存，價格合理，讀者可以輕鬆購入。最後一版全
十二冊ライブラリー版《紅樓夢》，則是目前日譯本中，讀者最容易購得的《紅
樓夢》。此譯本每十回成一冊，共一百二十回，全十二冊。此書的介紹寫著：
「此書大小為單行本，〔註36〕但實際上大小約為文庫本。」〔註37〕大小，雖
讀者反應價格過於昂貴，〔註38〕但依然有不少讀者擁有此套書。

〔註33〕紫式部著、林文月譯，《源氏物語上、下》，台北市：中外文學月刊社，1989
　　　　年5月。
〔註34〕清少納言著、林文月譯，《枕草子》，台北市：中外文學月刊社，1989年1月。
〔註35〕和泉式部著、林文月譯，《和泉式部日記》，台北市：三民書局股份有限公司，
　　　　1997年10月。
〔註36〕全集・叢書（そうしよ）などの中の一冊としてでなく、単独に出版される
　　　　本。單行本指的不是全集與叢書中的一冊，而是單獨出版的書。參自：CASIO
　　　　EX-WORD XD-S5000電子辭書・大辭泉。
〔註37〕普及を目的とする廉価な小型本。指以普及為目的所發行，廉價小型的書。
　　　　參自：同註36。
〔註38〕此書大小為文庫この本、単行本と書いておきながら、実際には文庫本の大
　　　　きさである。値段を見て頂ければ解かると思いますが、高すぎる。參自：

第二節　研究範圍

　　本文研究範圍界定於：伊藤漱平日譯本《紅樓夢》，平凡社全十二冊ライ
ブラリー版《紅樓夢》，再輔以其他三個較早的版本。原文《紅樓夢》則以俞
平伯八十回校本爲主。

一、《紅樓夢》伊藤譯本之版本

　　由平凡社出版之伊藤譯本《紅樓夢》有四：西元一九六○年出版的《中国
古典文学全集》，全三冊，是伊藤漱平最早的譯本，目前此版本已絕版，只能
在圖書館看到。西元一九七○年出版的全三冊，中国古典文學大系《紅樓夢》，
是當時發行較廣的一部書，因此有許多日本讀者皆擁有這一套書。在二手書
市場也時常可以看到這套書在出售，許多圖書館也只收藏此套書。平凡社所
出的奇書系列與西元一九九七年出版全十二冊ライブラリー系列，在實體書
店通路，尚可購得。西元一九七三年出版的全三冊，平凡社奇書系列的《紅
樓夢》，由於出版年代較久遠，許多書店已經沒有庫存，目前在日本亞馬遜網
路書店；紀伊國屋書局新宿店都尚有存貨，此版爲單行本三冊。

　　本文以伊藤譯本最後一個版本：ライブラリー系列的《紅樓夢》爲主要
研究對象。〔註 39〕ライブラリー系列是持續出版的一個書系，這與本文選擇

　　　　日本亞馬遜ホームページ。

〔註39〕「平凡社ライブラリー」解説目録：1993 年 6 月創刊。B6 変形版。いわゆる
　　　　文庫に相当するシリーズ。哲学、思想、歴史、文学、詩、エッセイなど、
　　　　内外の幅広いジャンルの作品が収録されている。毎月 10 日前後に発行。「読
　　　　者の皆さまへ書物の洪水を前にして迷っているあなたへの、これはひとつ
　　　　の提案です。新しい知見の発見、物語のたのしさ、未知の世界にふれる驚
　　　　き……、それに加えて私たちは、より良く生きる糧を読書に求めたいと思
　　　　います。アカデミックな書物であれエッセイであれ、「私の一冊」とは、読
　　　　者と著者との「対話」をいざない、読書をつうじて励ましを受けるような、
　　　　そんな本ではないでしょうか。時代を超えて生きつづける「私の一冊」を、
　　　　ジャンルや学問領域の枠を超えてラインナップ。平凡社ライブラリーは百
　　　　年後を見すえつつ、ここに創刊します。」平凡社於 1993 年創刊此系列時的
　　　　宗旨寫道：「此系列是相當於文庫的系列，廣泛收羅海內外各種種類如：哲學、
　　　　思想、歷史、文學、詩、小品文的作品。於每月 10 日前後發行。在讀者面對
　　　　如洪水般，數量龐大的書物，感到迷惑時，這個系列能給予讀者一個建議。
　　　　不論是新知識的發現、故事的趣味、未知世界帶來的驚異、尋求更好的精神
　　　　糧食亦或是學術性高的、與小品文，所謂「屬於我的一本書」不就是邀請讀
　　　　者和著者「對話」嗎？讓讀者通過讀書接受到書中所給予的鼓勵嗎？平凡社

此版為主要研究對象的原因不謀而合，因為這個書系所挑選的書，是學術性高，在各種領域中具有舉足輕重地位的重要作品。

　　又因這個系列為伊藤漱平於西元一九九七年，校正完成的最後一個版本。這個版本第三次改譯時，伊藤漱平已累積了四十年的紅學研究經驗。戮力完成這個譯本，因此更有研究價值。而此譯本也是流通最廣，影響力最大的版本。雖然一九九七年才出版完成，但此版本的重要性更甚於伊藤譯本之前數個版本，研究者最常引用、持續出版且讀者最多。

二、《紅樓夢》伊藤譯本參考版本

　　本文以伊藤漱平所參照的底本為主，所選取參照的《紅樓夢》原文為中華書局所出版，俞平伯校訂、王惜時參校的全三冊，《紅樓夢八十回校本》為主。另參照金楓出版社出版，以庚辰本、程甲本為底本的全六冊《紅樓夢》，作為本文參考原文時所用的版本。選取原文版本的原則，不外乎校正精密與底本選擇，此兩個版本的《紅樓夢》便完全符合以上條件。

第三節　研究方法

　　本文主要使用歸納法及分析法，將《紅樓夢》的作者曹雪芹眾說紛紜的生平與家世，以及《紅樓夢》的成書過程等，各種問題做統整與綜合討論。也將俞平伯的生平及俞平伯與伊藤漱平兩人的交流，用歸納法整理出來。

　　本文用歷史法，將伊藤漱平的生平，從求學至研究生涯仔細分析，以歸納出伊藤漱平的人格特質。並從各種論文及伊藤漱平參與的學術活動，歸納出伊藤漱平的各項紅學成就與學術成就。

　　利用所收集的前人研究成果、各種專著、論文、目錄學及小說史中的資料。歸納統合，並用歷史法，仔細的將《紅樓夢》從傳入日本到各種日譯本產生的歷史完整舖述。廣泛收集中國、台灣、日本各地的比較文學論文期刊，歸納出《紅樓夢》對日本的影響。尤其是近期受到《紅樓夢》影響之文學作品的資料，取自出版社的資料與讀者發表的書評等。將伊藤漱平與胡文彬只寫至飯塚朗的《紅樓夢》日本流傳史，再往後延伸至日本最新受到《紅樓夢》

　　　放眼百年後，這個系列依舊能持續介紹各種種類的學問與領域給讀者，而創刊了這個系列。」。

影響的創作作品。並評析各譯本的價值與特色。

　　於譯本的探討一章，利用比較、歸納與演繹法，從伊藤譯本的特色、貢獻、與語言表現方法，依翻譯準則最重要的指導：「信、達、雅」，進而比較原文與譯本間的差異。於四次譯本比較一章，利用歷史法與歸納法，將伊藤漱平從翻譯的契機、版本選擇的過程作一交待，再依時間先後，將伊藤漱平四次譯本仔細介紹描述。並用比較法，分析四次譯本間的異同。以呈現其譯本改版後之精進過程。

第二章　曹雪芹與伊藤漱平

　　欲瞭解《紅樓夢》這部作品，首先必須對作者的身世、創作的時代背景有所了解。本章前三節，對《紅樓夢》的原作者曹雪芹；日譯本所依據之底本，《紅樓夢八十回校本》的校訂者俞平伯；日譯本譯者伊藤漱平的生平，作一探討。本章第四節則深入探討伊藤漱平在紅學上的成就。

第一節　《紅樓夢》作者曹雪芹

　　《紅樓夢》的作者是曹雪芹，此說在學術界幾乎已成定論。〔註1〕想了解、閱讀《紅樓夢》之前，必須先了解《紅樓夢》的原作者。利用索隱、探佚等方法去深入研究作者曹雪芹的家世，並非本文所欲著眼的方向。本節以歸納學者們提出的研究成果，及學術界普遍認同的定論為主。

　　因為關於曹雪芹的史料太少，且正確的資料甚難獲得，因此學術界不斷有學者提出不同的看法。他們對《紅樓夢》的作者是曹雪芹此說有所質疑，如潘重規便認為《紅樓夢》的作者是「反清的義士」。〔註2〕另有學者認為《紅

〔註1〕曹雪芹生平主要參考資料：曹雪芹，《紅樓夢》冊一，臺北市：金楓出版有限公司，1987年5月，原作者簡介；胡適，胡適文存第一集第三卷・《水滸傳與紅樓夢》，臺北市：遠流出版事業股份有限公司，1994年，2月1日；鄒如昌（周汝昌），《曹雪芹傳》，臺北市：國際文化出版社，1984年；國家古風叢書編輯委員會，《曹雪芹》，臺北市：國家出版社，1992年9月1日；元智大學，《紅樓夢》網路教學研究資料中心網站等。

〔註2〕潘重規在〈從曹雪芹的生卒年談紅樓夢的作者〉一文中提出：「我一直認為《紅樓夢》的作者是反清的義士；與舉世風從胡適、俞平伯的說法，確認曹雪芹是《紅樓夢》的作者，看法完全相反。」參自：潘重規，〈從曹雪芹的生卒年

－13－

樓夢》的作者爲曹淵、墨香等人。〔註3〕目前，曹雪芹的生卒年〔註4〕、父母及晚年生活、《紅樓夢》的評點者脂硯齋與畸笏叟的身份、脂硯齋畸笏叟與曹雪芹的關係、《紅樓夢》的成書問題、版本問題等等，皆有學者提出各種看法，許多問題尚處於摸索與爭論的階段。〔註5〕

雖然學術界對《紅樓夢》的作者看法分歧，但學術界廣泛採信的論述：認爲《紅樓夢》的作者是曹雪芹。此說以胡適根據袁枚的《隨園詩話》、梁拱辰的《勸戒四錄》、陳其元的《庸閒齋筆記》等資料所做的〈紅樓夢考證〉及俞平伯的《紅樓夢研究》爲代表，乃因胡適與俞平伯的資料較爲充份、事實分析較爲可靠。〔註6〕伊藤漱平的論點亦以此說爲基礎，在日譯本《紅樓夢》第一冊之解說中，伊藤漱平提到：

「關於《紅樓夢》的作者偶有異說，關於作者歸屬的問題，也時常會被重提。如今，曹雪芹是原作者的看法，可說幾爲定論。曹雪芹生平相關的傳記事跡逐漸爲人所知是在民國之後。自二次大戰前胡適發表《紅樓夢考證》以來，近年來諸紅學家的調查研究成果，使得與作者有關的事項清楚明朗了起來。」(『紅楼夢』の作者については、異説がないわけではなく、その"著作権"問題は時に蒸し返されているものの、今日では曹雪芹を原作者とする見方が定論に近いと言えよう。その雪芹の生涯に関する伝記的事実が幾分とも知られるに至ったのは民国以後のことに属する。以下、戦前の胡

談紅樓夢的作者〉，國文天地，1994 年 9 月 1 日，頁 106。

〔註3〕 在多次《紅樓夢》論爭中，有許多學者對作者的身份提出質疑與新看法。如在西元 1979 年，戴不凡認爲，作者是曹雪芹的叔父輩人物曹竹村；西元 1994 年劉潤爲認爲作者應爲曹淵；西元 1998 年張放認爲作者應爲阿濟格的後人墨香。參自：彭昆侖，〈無根之說牽強之論──評《紅樓夢》作者新說〉，紅樓夢學刊，1999 年第二輯，頁 243～258。

〔註4〕 以生卒年爲例，將曹雪芹的生卒年作爲課題來研究，始於胡適的〈紅樓夢考證〉一文，胡適前後提出了曹雪芹生於壬辰年、己亥年、戊戌年等說，胡適不固執己見，憑材料說話，不斷求索，勇於對自己的論點作修改，但亦未將曹雪芹的生年做結論。其後的紅學家以胡適的考證爲依據。周汝昌、俞平伯，也爲此多有書信往來討論。參自：張錦池，〈曹雪芹生年考論──兼談曹雪芹的卒年問題論文提要〉，臺灣中央大學文學院甲戌年台灣紅學會議，1994 年 6 月 10 日～1994 年 6 月 12 日。

〔註5〕 鄒如昌（周汝昌），《曹雪芹傳》，臺北市：國際文化出版社，1984 年。

〔註6〕 參自：蔡義忠，《從施耐庵到徐志摩》，臺北市：清流出版社，1977 年 12 月 1 日，頁 35

　　適の「紅楼夢考証」に始まり近年に至る諸家の調査研究によって
明らかにされた諸事実のあらましを記すこととしよう。）〔註7〕
除此之外，伊藤漱平尚在多年後一篇論文中表明，他認爲：「也有提出作者爲
別人的種種說法，最近發表的某部份文章所探究的，便是近年圍繞著"著作
權"爲主的論爭。但在筆者看來，在《紅樓夢》的第一回，引子中便可見其
署名；因此願意支持雪芹之說。」（作者を別人に求める種々の説もあり、"著
作権"をめぐる近年の論争を一部の書物に求めたものまで近時現れたほど
である。筆者としては、作者が畢生の大作の第一回「縁起」において一種
の署名をしておいたとみるので、雪芹説を支持したい。）〔註8〕此爲伊藤漱
平支持作者是曹雪芹的主要論述基礎。

一、曹雪芹生平與家世

　　曹雪芹，名霑，另號芹溪、芹圃，出生於南京曹家，是清漢軍正白旗包
衣〔註9〕人。曹雪芹的生卒年有許多種說法，依各家的考證結果，曹雪芹大約
生於清世宗雍正元年或二年（西1723年或西元1724年），卒於清乾隆二十七
年或二十八年（西1年或西元1764年）。〔註10〕

　　曹雪芹的曾祖父曹璽爲康熙乳公，祖父曹寅爲康熙伴讀。曹家與皇室情
誼深厚，因而得以擔任織造一職。曹家共做了四任江寧織造，在曹家全盛時
期，曾經在康熙南巡時接駕四次，以曹府做爲行宮。江寧織造對清朝政府而
言，是一個重要的機構。織造隸屬於內務府，在《清史稿》〔註11〕中如此記

〔註7〕　曹雪芹原作，伊藤漱平訳，平凡社ライブラリー《紅楼夢》，東京都：株式会
　　　　社平凡社，2002年10月21日，冊一，頁394。
〔註8〕　伊藤漱平，〈日本における『紅楼夢』の流行——幕末から現代までの書誌的
　　　　素描——〉，《中国文学の比較文学の研究》，1986年3月31日，頁450～451。
〔註9〕　「包衣」是滿洲話，意爲「家奴」。正黃、鑲黃、正白三旗爲「上三旗」，而
　　　　上三旗包衣，奴以主貴，成爲皇帝的家臣，受理組織「內務府」，主管宮廷庶
　　　　務與皇帝私事。依高陽的考據，上三旗包衣中，尤以正白旗包衣勢力最大，
　　　　而曹家便是隸屬正白旗包衣。參自：高陽，《紅樓一家言》，臺北市：聯經出
　　　　版事業公司，1991年2月，頁88～87。
〔註10〕　參自：蔡義忠，《從施耐庵到徐志摩》，臺北市：清流出版社，1977年12月1
　　　　日，頁35。
〔註11〕　除清史稿外，《四庫全書》中亦記載，「織造監督，江寧府、蘇州府、杭州府
　　　　各一人，於內務府司官內奏簡帶原銜管理，司庫各一人、筆帖式各二人、庫
　　　　使各二人。」參自：（清）永瑢、紀昀等奉敕撰，《景印文淵閣四庫全書・史

載：「內務府，總管大臣，無員限，滿洲大臣內特簡，初制從二品，乾隆十四年定正二品……織造，蘇州，杭州各一人，司員內奏簡。」；〔註12〕除了掌管宮廷所用之綢緞織品外，織造亦兼管其他重要的地方事務。如《清史稿》的江寧府相關記載中：「江寧府：衝、繁、難、隸江寧道。明，應天府。江寧布政、交涉、提學三使，江安糧儲、江南勸業、巡警、鹽法四道，江寧江軍、副都統，織造兼督龍江西新稅關駐。〔註13〕」〔註14〕可知，清朝官制中，織造監督專管供應宮廷及公用之絲織品，由內務府司員中簡派，有江寧、蘇州、杭州三處織造共三人。織造於駐在地作爲欽差官，與地方長官平行，事實上爲內廷之采辦官，經常得進獻珍奇之物。〔註15〕織造尚可兼管稅關，並有三品以上官階，除了權勢之外，也能從中穫得不少的利益。

　　曹雪芹在《紅樓夢》開端時便提到，作者將眞事隱去。胡適於〈紅樓夢考證〉一文中，〔註16〕也提出幾項證據，來證得《紅樓夢》的確是作者將眞事隱去，自敍的書：

> 此開卷第一回也。作者自云：因曾歷過一番夢幻之後，故將眞事隱去，而借『通靈』之說，撰此石頭記一書也。故曰『甄士隱』云云。但書中所記何事何人，自又云，今風塵碌碌一事無成，忽念及當日所有之女子，一一細考較去，覺其行止見識皆出於我之上。何我堂堂鬚眉誠不若彼裙釵哉，實愧則有餘，悔又無益之大無可如何之日也。當此時，則自欲將已往所賴天恩祖德，錦衣紈袴之時，飫甘饜

部三五九職官類》，臺北市：臺灣商務印書局，1985 年 8 月 31 日，頁 601～702。

〔註12〕 參自：趙爾巽等著，《清史稿校註第四冊・卷一百二十五・志一百・職官五・內務府行宮園囿、御船處等、官學、武英殿修書處》，臺北縣：國史館，1986 年 7 月，頁 3391。又「總管大臣掌內府政令，供御諸職，靡所不綜。堂郎中、主事掌文職銓選，章奏文移。廣儲掌六庫出納，織造、織染局隸之。」參自：同書目，頁 3393。

〔註13〕 「關駐」一職，清初沿明制，各稅關均差戶、工二部司員充任，常由將軍、織造、鹽政兼理，多用滿籍。管理設在水陸交通、貿易頻繁之處微收貨物及商船頓稅的機關。參自：黃本驥、瞿蛻園，《歷代職官表・歷代職官簡釋》，臺北市：樂天出版社，1974 年 3 月，頁 203。

〔註14〕 參自：趙爾巽等著，《清史稿校註第三冊・卷六十五・志四十・地理五・江蘇・江寧府》，臺北縣：國史館，1986 年 6 月，頁 2276。

〔註15〕 同註 13，頁 197。

〔註16〕 胡適，胡適文存第一集第三卷・《水滸傳與紅樓夢》，臺北市：遠流出版事業股份有限公司，1994 年，2 月 1 日，頁 166～176。

肥之日，背父兄教育之恩，負師友規談之德，以致今日一技無成半
生潦倒之罪，編述一集，以告天下人。〔註17〕

（〈第一回　甄士隱夢幻識通靈　賈雨村風塵懷閨秀〉）

因此，書中會有一個賈府、一個甄府；一個賈寶玉又有另一個甄寶玉。將眞
事隱去，又在假事中有眞事的影子，那些江寧織造生活的豪華精緻景象，也
似眞似假的寫入《紅樓夢》中。在〈第十六回　賈元春才選鳳藻宮　秦鯨卿
夭逝黃泉路〉〔註18〕一回中談論南巡接駕一段文字，將接駕四次寫爲江南甄
家，但實際是曹家有四次接駕的經驗。

　　皇帝南巡時，接駕工作並非三、五個月可以竣事，皇帝住的行宮需要修
繕、佈置需要近似皇宮的水準，娛樂節目與飲食的精緻程度也不能輕忽。接
駕繁雜的事務，在《紅樓夢》一書中的描寫亦可窺見一二，如：爲了元妃一
日省親，賈家耗費大量金錢、人力建造一座富麗堂皇的省親別墅「大觀園」。
試舉建造之初的籌備事宜：

> 賈蓉先回說：「我父親打發我來回叔叔：老爺們已經議定了，從東邊
> 一帶，借著東府裏花園起，轉至北邊，一共丈量準了，三里半大，
> 可以蓋造省親別院了。已經傳人畫圖樣去了，……。賈薔又近前回
> 說：「下姑蘇聘請教習，採買女孩子，置辦樂器行頭等事，大爺派了
> 侄兒，帶領著來管家兩個兒子，還有單聘仁、卜固修兩個清客相公，
> 一同前往，所以命我來見叔叔。」〔註19〕

（〈第十六回　賈元春才選鳳藻宮　秦鯨卿夭逝黃泉路〉）

只是建造省親別院，賈府便丈量了三里半大的地方；大費周章，下姑蘇採買
女孩子，只爲成立一個私人戲班子；置辦花燭彩燈、各色簾櫳帳幔就得費上
二萬銀子……，更不用說其他吃食用度所需耗費的心血。以上雖是小說中的
描述，但必定有曹雪芹聽來、看來的眞實成份。《紅樓夢》中所接的駕只是一
位妃子，便如此工程浩大，實際上曹家接待的是皇帝本人，其規模必定大上
數倍不止。當時康熙幾次南巡間隔時間很短，因此對曹家來說，接駕已不是
臨時性的工作，而是經常性的任務。爲了經常維持可讓皇帝南巡的水準，居

〔註17〕曹雪芹著、俞平伯校訂，《紅樓夢八十回校本》，香港：中華書局香港分局，
　　　　1975年，1月，第一冊，頁1。
〔註18〕曹雪芹著、俞平伯校訂，《紅樓夢八十回校本》，香港：中華書局香港分局，
　　　　1975年，1月，第一冊，頁150～160。
〔註19〕同註17，第一冊，頁157。

住陳設豪華、飲饌精緻度，都必須在一般官宦之家以上。到了曹雪芹這一代，雖然曹家家境已不如前，但一定尚與若干身懷特別技藝之士保持聯繫，以備不時之需。曹雪芹講究生活細節，有極高的才華與過人的領悟力，並且有廣泛的興趣，因此可以從中學得許多技藝、雜學……，這必定是因為其家庭具有這些特殊的條件。〔註20〕

當年多次接駕與數十年間擔任內廷采辦官所留下的各種痕跡，影響了曹雪芹這一代的生活條件。豪華的居所與陳設、各種珍奇物品、精緻的飲食習慣、講究的養生原則與豐富的醫療知識、保持與戲曲說書等表演人有各種交流等。如此的成長環境，正是造就曹雪芹具備豐富的才學、知識最重要的養份，才能創作出《紅樓夢》如此精采的鉅著。曹雪芹對文學、建築的造詣、對飲食的講究，都在他隱去真實身份寫成的自敘作品〔註21〕《紅樓夢》中。

才子佳人的書在當時數量多而浮濫，曹雪芹認為自己身旁的這幾位女子，論才華、論氣度都不比書中那些佳人差，於是興起為這些女子寫一本書的念頭。

> 至若佳人才子等書，則又千部共出一套，且其中終不能不涉於淫濫，以致滿紙潘安、子建、西子、文君。不過作者要寫出自己的那兩首情詩艷賦來，故假擬出男女二人名姓，又必旁出一小人其間撥亂，亦如劇中之小丑然。且鬟婢開口即者也之乎，非文即理。故逐一看去，悉皆自相矛盾、大不近情理之話，竟不如我半世親睹親聞的這幾個女子，雖不敢說強似前代書中所有之人，但事跡原委，亦可以消愁破悶。
> 〔註22〕
> （〈第一回　甄士隱夢幻識通靈　賈雨村風塵懷閨秀〉）

可知《紅樓夢》中的林黛玉、薛寶釵、王熙鳳等女子，在作者的生命中是真正出現過且佔有重要地位的女子。

直到雍正、乾隆年間二度抄家，曹家家道從此一蹶不振。被抄沒之後，

〔註20〕 參自：高陽，《高陽說曹雪芹》，臺北市：聯經出版事業公司，1983年1月1日，一書之附錄。趙岡，〈曹雪芹的兩個世界〉。附錄，頁37。

〔註21〕 高陽也認為「從胡適之先生「紅樓夢考證」一文發表之後，「紅樓夢這部書是曹雪芹的自敘傳」的說法鐵案如山，再不可移。」高陽，《紅樓一家言》，臺北市：聯經出版事業公司，1991年2月，頁37。

〔註22〕 曹雪芹著、俞平伯校訂，《紅樓夢八十回校本》，香港：中華書局香港分局，1975年，1月，第一冊，頁4。

曹家由南京舉家遷回北京，〔註 23〕曹家的環境日漸困頓，典當過日。這些情況在曹雪芹的好友，敦敏、敦誠兄弟的詩文中可以找到蛛絲馬跡。敦誠所作之〈寄懷曹雪芹〉一詩，對曹雪芹貧困時的境況有以下的描述：

> 少陵昔贈曹將軍，曾曰魏武之子孫。
> 君又無乃將軍後，於今環堵蓬蒿屯。
> 揚州舊夢久已覺，且著臨邛犢鼻褌。
> 愛君詩筆有奇氣，直追昌谷破籬樊。
> 當時虎門數晨夕，西窗剪燭風雨昏。
> 接䍦倒著容君傲，高談雄辯蝨手捫。
> 感時思君不相見，薊門落日松亭樽。
> 勸君莫彈食客鋏，勸君莫叩富兒門。
> 殘盃冷炙有德色，不如著書黃葉村。〔註 24〕

詩中寫及曹雪芹的生活窮困，吃食粗糙且居住環境破爛不堪。在這種情況下，對往日富足精緻的生活，必定傷感懷想，而曹雪芹也在這種生活情況下創作出《紅樓夢》。在幼兒夭折後，曹雪芹在貧困與感傷下染上重病，以致最後在《紅樓夢》未完的情況下便遺憾過世。

二、《紅樓夢》之成書過程

《紅樓夢》是曹雪芹於曹家抄家之後，貧困之中創作而成，書未完曹雪芹便去世了。這是一部隱去真事的自敘，裡面的甄、賈兩位寶玉，即是曹雪芹自己的化身。〔註 25〕《紅樓夢》的傳抄過程大約是，先由曹雪芹寫出前數十回，並訂出回目章節，交由親友脂硯齋、畸笏叟等人負責傳抄、謄寫、評註、收藏。著書的時間長達十年。此過程於《紅樓夢》第一回中便提到：

> 空空道人聽如此說，思忖半晌，將這石頭記再細閱一遍……，方從頭至尾抄錄回來，問世傳奇；因空見色，傳情入色，自色悟空，遂易名為情僧，改『石頭記』為『情僧錄』。東魯孔梅溪則題曰『風月

〔註 23〕曹雪芹，《紅樓夢》，臺北市：金楓出版有限公司，1987 年 5 月，冊一，原作者簡介。
〔註 24〕蔡義忠，《從施耐庵到徐志摩》，臺北市：清流出版社，1977 年 12 月 1 日，頁37〜38。
〔註 25〕胡適，胡適文存第一集第三卷‧《水滸傳與紅樓夢》，臺北市：遠流出版事業股份有限公司，1994 年，2 月 1 日，頁 175〜176。

寶鑑』。後因曹雪芹於悼紅軒中，披閱十載，增刪五次，纂成目錄，
分出章回，則題曰《金陵十二釵》，並題一絕云：
滿紙荒唐言，一把辛酸淚！都云作者痴，誰解其中味？
至脂硯齋甲戌抄閱再評，仍用《石頭記》。〔註26〕
（〈第一回　甄士隱夢幻識通靈　賈雨村風塵懷閨秀〉）

伊藤漱平亦以此看法為基礎，認為《紅樓夢》的成書經過：原名為《石頭記》，
由化名空空道人的情僧改為《情僧錄》，再由孔梅溪改為《風月寶鑑》，最後
由曹雪芹於悼紅軒，歷經十年增刪五次，改名為《金陵十二釵》。〔註27〕伊藤
漱平亦認為脂硯齋與畸笏叟應是與曹雪芹相當親近之人，並對脂硯齋數度評
註《紅樓夢》，且著手作成定本、有極高的評價。〔註28〕認為脂硯齋對《紅樓
夢》的成書流傳有著不可抹滅的功勞，伊藤漱平言：

脂硯齋在甲戌年著手評《紅樓夢》，欲作成定本，並於此時回復與《水
滸傳》對應之原名《石頭記》，作者與評者之共同作業持續至丙子年
夏天，曹雪芹在創作《紅樓夢》時，脂硯齋便同時進行前後共四次
評註，根據脂硯齋與畸笏叟的主張與意見，當然可能也與作者本意
相同，當七十回本完成時，作品已朝悲劇結局進行。（脂硯斎は甲戌
の年、批評を付した「定本」作成に着手しているが、その折、題

〔註26〕 曹雪芹著、俞平伯校訂，《紅樓夢八十回校本》，香港：中華書局香港分局，
　　　　 1975年，1月，第一冊，頁4～5。
〔註27〕 伊藤漱平尚由脂硯齋評點的內容中整理出，曹雪芹的《風月寶鑑》為其舊
　　　　 稿，由棠村做序，但卻沒有傳書。並知，在《金陵十二釵》之前，就已有
　　　　 相當完成度的《風月寶鑑》稿的存在。「第一回の脂評によれば、霑には『風
　　　　 月宝鑑』なる旧稿があり、弟の棠村が『序した』（序文の序でなく、順序
　　　　 をつける、整理を手伝った意か）というが、伝わらない。これによれ
　　　　 ば、『十二釵』稿以前に、まずある程度の完成度を持った『風月宝鑑』稿
　　　　 が存在したことはたしかであり。」參自：曹雪芹原作，伊藤漱平訳，平
　　　　 凡社ライブラリー《紅樓夢》，東京都：株式会社平凡社，2002年10月21
　　　　 日，冊一，頁404。
〔註28〕 伊藤漱平引用畸笏叟的話來肯定脂硯齋的地位：「余命いくばくもない老残の
　　　　 身は、「造物主」天がふたたび「一芹一脂」雪芹、脂硯の再来を降して、こ
　　　　 の未完に終わった作品に有終の美あらしめ給わんことを願うもにである。」
　　　　 他用「一芹一脂」，希望他們再生，使未完的《紅樓夢》能有完結的一天。雖
　　　　 然脂硯齋並非創作者，但他評註、傳抄的功勞，在伊藤漱平看來，地位與曹
　　　　 雪芹齊平，是讓《紅樓夢》一書流傳於世不可或缺的人物。參自：同註27，
　　　　 冊一，頁405。

名を『水滸伝』と対になる『石頭記』の原名に復した。作者と評
者との共同作業は丙子の夏頃まで続き、並行して三度目の評が加
えられた。……ところでいまひとり畸笏と号す老人がこの小説を
閲過し、批語を加えた。彼の老いの一徹から主張する意見によっ
て、もちろん作者の本意にもかなったであろうが、いったん作ら
れかけた七十回本は、もとどおりの悲劇の結末を持った作品を目
ざして再発足したとおぼしい。）〔註29〕

當然，脂硯齋是何許人、畸笏叟是何許人，雖然到目前爲止尙無定論，但從
批語的內容與語氣可以推定，應是與曹雪芹極爲親近之人。脂硯齋爲曹顒的
遺腹子，而畸笏叟是有官位的曹家人曹頫這個說法，也被伊藤漱平所認同。
〔註30〕《紅樓夢》之成書過程，由於版本多，且多有錯誤矛盾之處，因此有
學者對續書提出不同意見。如：續書作者的身份、續書是否有底本等，亦是
考證派學者著力研究的重點。後四十回由高鶚補作之說，得到學術界較多學
者之認同，〔註31〕並且認爲高鶚續書的功不可沒。〔註32〕伊藤漱平亦對此有
所定見，將於本章第四節詳述。

　　綜合本節所論，釐清了《紅樓夢》的作者，是清代中期江寧織造曹家的
曹雪芹；並由曹家的家世背景，更進一步瞭解曹雪芹的家學淵源；《紅樓夢》
一書的傳抄與評者，脂硯齋與畸笏叟是與曹家有極深的淵源，兩人並對《紅

〔註29〕　參自：曹雪芹原作，伊藤漱平訳，平凡社ライブラリー《紅樓夢》，東京都：
　　　　　株式会社平凡社，2002年10月21日，冊一，頁405～406。
〔註30〕　「脂硯斎とはいかなる人物か。その素姓は謎に包まれ、定論がない。批
　　　　　語の内容、口吻から推して、曹家の一員、または姻戚であろうことはま
　　　　　ず動かせまいが、そのさきは諸説の岐れるところである。……顒の遺腹
　　　　　子説が当たれるに近いか。」「一方また畸笏は頫の別号であったとみる説
　　　　　が有力である。この別号は「畸」と「笏」によってかつて官に在った曹
　　　　　家の一員、生き残りを意味させたものか。」，由批語的內容、口吻、語氣
　　　　　推論，脂硯齋爲曹家一員或姻親。另一方面，畸笏叟則依其別號及別號中
　　　　　畸笏二字，推測其爲有官位的曹家人。參自：同註29，冊一，頁408。
〔註31〕　持此看法的紅學家，以胡適爲首，俞平伯、高陽等人皆以此看法爲基礎。
〔註32〕　胡適對高鶚爲《紅樓夢》後四十回續補者一說，舉出以下幾點證據：張問陶
　　　　　之詩與注爲證據之一；俞樾考證出高鶚確有其人；高鶚亦在自己的序中含糊
　　　　　但隱約的說出自己是補作者，並不諱言自己爲補作者；俞平伯甚至舉出三個
　　　　　理由來證明高鶚連後四十的回目皆補作。胡適，胡適文存第一集第三卷·《水
　　　　　滸傳與紅樓夢》，臺北市：遠流出版事業股份有限公司，1994年，2月1日，
　　　　　頁180～185。

樓夢》之成書有不可抹滅的功勞；亦確定了後四十回的續書者為高鶚。

第二節　俞平伯與《紅樓夢》日譯本

　　由於伊藤漱平日譯本《紅樓夢》的參考底本，主要根據俞平伯所校定的《紅樓夢八十回校本》。研究譯本之前，除了理解原文之外，對譯本所針對的底本及底本的編者與校定者，應該有更深的了解。因此，本節將討論俞平伯的生平與其紅學成就，並整理出伊藤漱平與俞平伯的關係與淵源。

一、俞平伯生平

　　俞平伯，原名俞銘衡，筆名屈齋，西元一九○○年出生於浙江德清。他是詩人、散文家、紅學家、古典詩詞研究專家。出身於書香世家，高祖父是清朝舉人、詩人，俞鴻漸。曾祖父俞樾〔註33〕是清代的經學家，著有《香在堂全書》五百餘卷。父親俞陛云是晚清探花，官翰林院編修，因此家學淵源使俞平伯的文學基礎雄厚。俞平伯也曾接觸西學，西元一九二○年初，俞平伯與傅斯年同赴英國留學，〔註34〕在海上行船時，俞平伯再次熟讀《紅樓夢》並與傅斯年研究討論。此次閱讀《紅樓夢》與童年時的領悟不同，也得到更大的啟發，開啟俞平伯日後研究紅學之路。〔註35〕俞平伯在「五四」時期投身新文學運動，積極參與新潮社、文學研究會、語絲社的活動，並與朱自清等創辦了最早的新詩刊物，《詩》月刊。〔註36〕西元一九二二年夏，赴美國考察教育，〔註37〕之後在各大學任教，〔註38〕最後在中國科學院文學研究所，擔任古典文學研究室研究員。〔註39〕

　　俞平伯的性格可由他的治學態度看出，他對自己的紅學論著，勇於修正

〔註33〕俞平伯的曾祖父俞樾是清代經學大師章太炎的老師。
〔註34〕俞平伯赴英留學，但因經費不足，數月即歸。
〔註35〕參自：孫玉蓉，〈寵也紅學，辱也紅學──記紅學家俞平伯的坎坷經歷〉，傳記文學，2001 年 7 月，頁 26。
〔註36〕參自：沈謙，《林語堂與蕭伯納──看文人妙語生花》，臺北市：九歌出版社有限公司，1999 年 4 月 10 日，頁 151～152。
〔註37〕俞平伯赴美考察時，在紐約只住一個月，即因病回國。
〔註38〕俞平伯先後曾在上海大學、燕京大學、清華大學、北京大學等知名大學任教。
〔註39〕參自：孫玉蓉著，《俞平伯散文選集》序言，天津市：新華書店天津發行所，1992 年 1 月，頁 1～2。

並承認自己的錯誤，關於修正研究錯誤的內容，將於後文詳述。俞平伯堅持正確觀點、正直並勇於主張的性格，使他對社會與政治國家等議題皆積極參與。因此，發表了許多批評時政關心社會的文章，如《雜拌兒》文集中，便收有此類的文章。他從不諱言自己的批評與想法，俞平伯雖出國的時間不長，但也受到西方文化的衝擊並接受西學薰陶，因此與多數清季的知識份子相同，俞平伯有憂國憂民情操，希望能藉著發表文章與發行周刊，從精神上開發民智，抵禦外侮。〔註40〕

　　由於俞平伯獨特的研究方法與性格，他不並諱於在公開場合，或是報章雜誌中發表言論。〔註41〕如：在西元一九二五年發表主張抵抗外侮與提倡自強的〈雪恥與御侮〉、西元一九四七年先後發表了〈保障人權宣言〉、〈北京大學教授宣言〉、〈告學生與政府書〉等，也積極的在各種政治與文學的場合擔任重要的委員，〔註42〕不遺餘力地為文學工作者發聲。或許俞平伯的行事風格過於直率，在西元一九五四年便因《紅樓夢》研究觀點上的分歧，被李希凡、藍翎等人批判，〔註43〕成為反右派人士的鬥爭對象。李希凡、藍翎批評其在《紅樓夢》研究中，發表的唯心主義觀點。此次論爭，引起當時政治高層的注意，全中國各地的古典文學研究專家、教授，幾乎都發表了批判俞平伯的文章，將俞平伯之前的研究仔細的挖掘分析，冠上資本主義、反馬克思主義等各式各樣的用語。〔註44〕這場大規模的批判與鬥爭氣氛中，幾乎是一面倒的批評，沒有人能挺身支持俞平伯，而在接下來的文化大革命中，使俞

〔註40〕「俞平伯於 1931 年「九一八事變」後，曾寫信給胡適，述憂國憂民之心，以為知識份子救國之道唯有出普及本單行周刊，從精神上開發民智抵禦外侮。」參自：孫玉蓉，〈寵也紅學，辱也紅學——記紅學家俞平伯的坎坷經歷〉，傳記文學，2001 年 7 月，頁 4～5。

〔註41〕參自：同註 40，頁 4～7。

〔註42〕俞平伯曾當選中國全國文聯委員；全國文學工作者會委員；第一、二、三屆全國人民代表大會代表和中國人民政治協商會議；第五、六屆全國委員會委員⋯⋯。參自：孫玉蓉著，《俞平伯散文選集》序言，天津市：新華書店天津發行所，1992 年 1 月，頁 6。

〔註43〕「俞先生の『紅樓夢研究』がその研究方法について批判を受けたのは 1954 年 10 月のこと、李希凡・藍翎（二人とも当時山東大学助手）らの批判を受けて反右派闘争の対象とされて以来、不運な半生が待っていた。」俞平伯受到李希凡、藍翎等人的鬥爭，開始了他半生不幸的遭遇。芝田稔，〈五・七幹校〉，收入芝田稔著，《日本中国ことばの往来》，東京都：株式会社白帝社，1987 年 6 月 20 日，頁 151。

〔註44〕參自：同註 40，頁 29～30。

平伯受到更多的屈辱也使他受盡了折磨，直到多年後高齡八十七歲時才得到平反，俞平伯於西元一九九〇年逝世。

俞平伯是五四新文學運動的健將，著作豐富，有散文集：《燕知草》、《雜拌兒》、《雜拌兒二》、《燕郊集》等；詩集：《冬夜》、《西還》、《憶》等；紅學相關著作：《紅樓夢辨》、《紅樓夢研究》、《紅樓夢八十回校本》等；古典文學研究著作：《清眞詞釋》、《唐宋詞選釋》、《論詩詞曲雜著》等。不論在詩、文、紅學、古典詩詞任一範疇中，皆有顯著的成就。〔註 45〕尤其以《紅樓夢八十回校本》最受肯定，除了伊藤漱平與松枝茂夫的日譯本受到此書的影響外，在中國出現的翻譯本中，如《楊憲益英譯本》、《安義運朝譯本》，都使用了俞平伯的校本，但卻只說以戚序本與程乙本爲底本，皆因批判運動而無法正式引用俞平伯《紅樓夢八十回校本》。〔註 46〕

二、俞平伯之紅學研究

在數量龐大的紅學研究中，俞平伯的《紅樓夢》研究成果有極大的貢獻。早年俞平伯研究《紅樓夢》，曾受到胡適考證熱情的影響。〔註 47〕但因俞平伯的學術個性與胡適不同，因此俞平伯發展出與眾不同的《紅樓夢》研究方法。其中以《紅樓夢辨》爲其最具代表性的紅學研究作品。〔註 48〕俞平伯自撰寫《紅樓夢辨》起，便將考證、鑒賞、評論結合起來。更致力於從審美的角度，以及小說創作的角度來分析研究《紅樓夢》，使讀者更能了解《紅樓夢》的創作方法與藝術風格。〔註 49〕在小說人物研究方面，俞平伯提出了「釵黛合一論」〔註 50〕將寶釵與黛玉作對照分析。這些新的方向與視點使紅學研究的範

〔註45〕 參自：孫玉蓉，《俞平伯散文選集》序言，天津市：新華書店天津發行所，1992年 1 月，頁 3。

〔註46〕 參自：崔溶澈，〈《紅樓夢》翻譯本及其翻譯方法〉，國立嘉義大學中國文學系所第二屆中國小說戲曲國際研討會，2005 年 4 月 9～10 日，頁 9。

〔註47〕 李廣柏，《曹雪芹評傳》，南京市：南京大學出版社，1998 年 12 月，頁 313。

〔註48〕 劉永良，〈俞平伯、魯迅評紅讜論〉，紅樓夢學刊，1999 年第一輯，頁 149～150。

〔註49〕 李廣柏，《曹雪芹評傳》，南京市：南京大學出版社，1998 年 12 月，頁 313。

〔註50〕 俞平伯所著之〈作者底態度〉、〈後三十回的紅樓夢〉、〈讀紅樓夢隨筆〉皆提出「釵黛合一論」。雖此說爲俞平伯推論《紅樓夢》作者創作時的心態與對人物的設定，所做出的研究結果。而此研究結果並不一定是曹雪芹創作時的設定，但筆者卻以爲俞平伯此說的創意與嚐試性十足，爲一直以來只有擁釵、擁黛說法的紅學人物論，找到新的研究觀點。

疇更爲寬闊，並讓紅學研究更有新意。

　　俞平伯促進了「新紅學」的發展，也對索隱派的研究法提出了尖銳的批評。他認爲索隱派的紅學家有幾類：有先預存一個主觀上偏見，再牽強附會到書上事蹟的「猜謎派」；有將書中角色隨意褒貶、信口雌黃，做一些偏離作者本意批評聯想的「消閒派」。〔註51〕俞平伯用透析的文字，批評這些已偏離《紅樓夢》著作本身的紅學研究。俞平伯與魯迅等學者，提出了新的《紅樓夢》研究方向，也使《紅樓夢》的價值眞正顯示出來，讓紅學開始進步。〔註52〕

　　綜觀俞平伯的《紅樓夢》研究成果，主要有以下三個方面：〔註53〕

　　一、在〈紅樓夢底風格〉一文中，俞平伯數度提到《紅樓夢》爲作者的自傳；是眞實人生的寫生，〔註54〕認爲賈寶玉就是曹雪芹。但俞平伯以身爲學者的尊嚴卻也不拘泥於自己提出的舊說，且勇於修正。以《紅樓夢》爲作者自傳一說爲例：俞平伯在《紅樓夢研究》一書自序中提到，在《紅樓夢辨》出版之後不久，他便發覺了若干的錯誤：

> 　　讀者當然要問，錯誤在什麼地方？話說來很長，大約可分兩部份，
> （一）本來的錯誤，（二）因發見新材料而證明出來的錯誤。……
> 把曹雪芹底生平跟書中賈家的事情攪在一起，未免體例太差。《紅
> 樓夢》至多，是自傳性質的小說，不能把它逕作爲作者的傳記行
> 狀看啊。〔註55〕

俞平伯於自己的文章中，推翻自己的論點，可見其對學術尊重與認眞的態度。

　　二、俞平伯認爲《紅樓夢》是一部跳脫窠臼的悲劇，不拘泥於讀者偏好的大團圓結局，認同了《紅樓夢》的悲劇精神在美學上的價值。〔註56〕

　　三、對《紅樓夢》後四十回，俞平伯貶多褒少，在〈論續書底不可能〉、〈高鶚續書底依據〉、〈辨後四十回底回目非原有〉、〈後四十回底批評〉、〈八十回後的《紅樓夢》〉〔註57〕等文章中皆陸續提到，他認爲「凡書都不能續，不但《紅

〔註51〕參自：俞平伯，〈作者底態度〉，收入俞平伯著，《紅樓夢研究》，臺北市：里仁書局，1997年4月三十日，頁107～109。

〔註52〕劉永良，〈俞平伯、魯迅評紅譾論〉，紅樓夢學刊，1999年第一輯，頁150。

〔註53〕以下參自：孫玉蓉，〈寵也紅學，辱也紅學——記紅學家俞平伯的坎坷經歷〉，傳記文學，2001年7月；俞平伯，〈紅樓夢底風格〉，同註51。

〔註54〕參自：俞平伯，〈紅樓夢底風格〉，收入同註51，頁119～120。

〔註55〕參自：俞平伯，《紅樓夢研究》，臺北市：里仁書局，1997年4月30日，頁1～2。

〔註56〕同註52，頁152。

〔註57〕參自：同註55，頁1～2。

樓夢》不能續；凡續書的人都失敗，不但高鶚諸人失敗而已。」，〔註58〕這數篇
論文中，俞平伯提出許多高鶚在後四十回中與前八十回伏筆不符之處，即使認
為後四十回續書失敗，但俞平伯對後四十回承接了《紅樓夢》的悲劇性，以及
高鶚續書時之謹慎、用心，卻持肯定的看法。

> 高鶚補書，在大關節上實在是很細緻，不敢胡來。即使有疏忽的地
> 方，我們也應當原諒他。況且他能為《紅樓夢》保存悲劇的空氣，
> 這尤使我們感謝。〔註59〕

> 高鶚使寶玉中舉，做仙做佛，是大違作者底原意的，但他始終是
> 很謹慎的人，不想在《紅樓夢》上造孽的。他總竭力揣摩作者底
> 意思，然後再補作那四十回。我們已很感激他這番能尊重作者底
> 苦心。……，若有人輕視高鶚，何妨自己來續一下，就知道深淺
> 了。……，他敢使黛玉平白地死去，使寶玉娶寶釵，使寧、榮抄
> 家，使寶玉做了和尚；這些都是好人之所惡。雖不是高鶚自己底
> 意思，是他迎合雪芹底意思做的，但能夠如此，已頗難得。〔註60〕

俞平伯對高鶚的續書雖覺有若干瑕疵，但也未將續書的功勞一筆抹煞，此種
公正而透徹的批評態度，使讀者更能接受他的論點。俞平伯在《紅樓夢》研
究上當然也有錯誤或前後矛盾之處，但他不諱於修正，對自己研究前後的差
誤勇於接受與承認，其精神與見識令人佩服。俞平伯曾多次在發表的文章中，
自我反省且自我批評，這是身為學者的俞平伯所擁有的高貴情操，也因此才
能為《紅樓夢》留下許多珍貴的研究成果。

三、伊藤漱平與俞平伯

　　孫玉蓉所著的《俞平伯年譜》一書中記載：「一九五八年十二月至一九六
〇年十二月，《紅樓夢八十回校本》和附冊後四十回，被日本國立東京大學文
學部教授伊藤漱平譯成日文，分精裝上中下三冊，由平凡社作為三十卷本的
"中國古典文學"叢書中的第二十四至二十六卷出版發行。」，〔註61〕在西元

〔註58〕參自：俞平伯，《紅樓夢研究》，臺北市：里仁書局，1997 年 4 月 30 日，頁 1～
　　　　6；頁 17～48；頁 7～16；頁 49～80；頁 145～178。
〔註59〕參自：俞平伯，〈高鶚續書底依據〉，收入同註 58，頁 17。
〔註60〕參自：俞平伯，〈紅樓夢底風格〉，收入同註 58，頁 126。
〔註61〕孫玉蓉，《俞平伯年譜》，天津市：天津人民出版社，2001 年 1 月，頁 312。

一九八一年時，伊藤漱平與俞平伯會面：「一九八一年四月二十六日，應邀出席《紅樓夢學刊》編輯部在北海公園仿膳飯莊的宴請，並會晤了日本紅學家松枝茂夫和伊藤漱平。」〔註62〕〔註63〕

　　雖然伊藤漱平與俞平伯見面次數很少，但他對俞平伯這位前輩學者的著作〔註64〕、生平都曾用心研究。在〈王国維と俞平伯の一面（覚書）──「皇帝」との距離、その他〉〔註65〕一文中的題名、跋與參考資料可知，伊藤漱平原想做更深入的研究：

> 後記最初的計畫，是在文學與文學史研究的範疇中，選定與自己原本的研究如詞曲、小說等，有較深關聯性的三位學者：王國維、胡適、俞平伯的各項研究成果為中心，並寫了數篇備忘資料，準備更深入的研究（あとがき最初の計画では、王国維・胡適・俞平伯三家の学問、というより三家の文学・文学史研究の諸業績のなかで、比較的自分にとっても縁の深い詞曲・小説関係のものを中心として課題について考えてみるつもりであった。）〔註66〕

伊藤漱平在《近代中國の思想と文學》一書中給予俞平伯極為肯定的評價。

> 戰後之俞氏，開始在北京大學附屬科學院文學研究所，從事古典文學研究，此時期的最大成果，則是將曹雪芹原作的《紅樓夢》前八十回及後四十回續書校定完成出版，並將附錄之脂硯齋的評語整理後出版，這件成就，令人佩服。（戰後の俞氏は、はじめ北京大学付属、のち改組されて科学院付属となった文学研究所の所員として、古典文学の研究にいそしむ学究としての一面にほとんど限られている。その分野での業績の最大のものを挙げるなら、『紅楼夢』の曹雪芹原作部分八十回および後四十続作の定本作成公刊（一九五

〔註62〕孫玉蓉，《俞平伯年譜》，天津市：天津人民出版社，2001年1月，頁455。

〔註63〕孫玉蓉，〈寵也紅學，辱也紅學──記紅學家俞平伯的坎坷經歷〉，傳記文學，2001年7月，頁33～34。

〔註64〕伊藤漱平所參考的著作，如：俞平伯所著之〈怪異的印象〉、〈雜記儲秀宮〉、《雜拌兒一》、《雜拌兒二》、〈花匠〉、〈爐景〉、〈狗和褒章〉、〈冬夜〉、〈堅決與反動的胡適思想劃清界限〉、〈清真詞淺釋〉及其《紅樓夢》研究等文章與大量的書籍。

〔註65〕東京大学文学部中国文学研究室編，《近代中國の思想と文学》，東京都株式会社大安，1967年7月1日，頁519～546。

〔註66〕同註65，頁546。

八年初版、六三年改訂版）と、これに附随した脂硯斎の批評の整
理公刊（五四年初版、六〇年改訂版）の作業に指を屈しよう。）〔註
67〕

而伊藤漱平撰寫發表的期刊論文除前述一文外，尚有多篇論文從各種方向研
究俞平伯的學說與其生平：如：〈俞平伯〉、與〈『紅楼夢八十回校本』につい
て〉〔註 68〕等文。〈『紅楼夢八十回校本』について〉一文，發表於西元一九
八五年七月號的《大安》月刊。此文針對此校本的：底本、參校本之關係；
校定方式與原則；後四十回的評價與版本……，有深入的解析，更有想經由
此文將《紅樓夢八十回校本》介紹給日本學術界的意圖。

由此可知，伊藤漱平除了選定俞平伯所校定之〈紅樓夢八十回校本〉爲
譯本之底本外，在之後的數十年間也更深入的研究俞平伯生平、研究成果與
著作。

第三節　譯者伊藤漱平

專研《紅樓夢》翻譯史的學者胡文彬，於《紅樓夢在國外》一書中，只特
別提到兩位日本學者：一是開啓日本紅學研究風氣的大高巖、另一位便是伊藤
漱平。胡文彬寫道：「在日本眾多的現當代紅學家中，精研覃思、縝密通達、著
作豐贍的伊藤漱平教授是最爲值得詳加介紹的人物。伊藤漱平，前東京大學教
授，現任私立二松學舍大學教授，他以日本紅學家而蜚聲世界紅林，是中國紅
學界尊敬而最熟悉的朋友。」中國藝術研究院的學者孫玉明也在其專文〈伊藤
漱平的紅學成果〉中也寫道：「在日本漢學術界，截至目前爲止，在紅學領域投
入精力最多成果也是最大的一個人，便是「紅樓夢主」伊藤漱平。他自一九五
四年十月發表第一篇紅學論文《曹霑與高鶚試論》之後，五十年來幾乎未間斷
過對《紅樓夢》的研究與翻譯。」〔註 69〕伊藤漱平，一生專注於《紅樓夢》研
究。不僅以嚴謹的態度翻譯《紅樓夢》一書，更發表了爲數可觀的《紅樓夢》
研究論文，孜孜不倦的從各種角度去研究《紅樓夢》。在中國乃至於世界的各種

〔註67〕東京大学文学部中国文学研究室編，《近代中国の思想と文学》，東京都株式
　　　　会社大安，1967 年 7 月 1 日，頁 539～540。
〔註68〕東京大学文学部中国文学研究室編，《近代中国の思想と文学》，東京都株式
　　　　会社大安，1967 年 7 月 1 日，頁 545～546。
〔註69〕孫玉明，〈伊藤漱平的紅學成就〉，紅樓夢學刊，2005 年第一輯，頁 259。

紅學研討會中，伊藤漱平都是舉足輕重的紅學家。他將日本的紅學界與中國及世界接軌，讓日本紅學在蓬勃發展的世界紅學中佔有一席之地。

　　伊藤漱平的求學時代，日本正值面臨第二次世界大戰之際。當時日本全國的氣氛，與第一次世界大戰時〔註 70〕完全不同。日本政局出現大變動，成為軍部領導的軍部政權。西元一九三七年，〔註 71〕日本政府宣佈全面的戰爭狀態，全國進入戰時體制。因在戰時，使得文學的研究總是處於弱勢，不但文化統制嚴密、出版界也不容許有言論自由。〔註 72〕大多數的文人都保持沈默或改變研究方向。此年代的研究多與政治學、社會學相關，如：馬克思主義、唯物史觀、描寫戰時生活的戰爭小說。〔註 73〕尤其太平洋戰爭〔註74〕爆發前後，日本極為多數的作家、學者、評論家都被政府徵召入軍隊，從事戰時報導工作，導致文藝活動幾乎停滯。因此要選擇文科就讀，必須具有勇氣。不論任何時代、任何國家，只要面臨戰爭，當時世人的看法，都會認為文學是沒用的學科，還不如去服兵役或投身於戰時報導及戰時文書工作。但伊藤漱平還是於昭和十八年（西元 1943 年），進入以文學為重的第一高等學校就讀。（伊藤さんは、戦時下とはいえ、なお右文〔註75〕の風のあった第一高等学校に、一九四三年に入学された。当時はすでに敗色が見えはじめてはいたものの、文科を選ぶことは勇気を要することであった。世間からは役に立たずと罵られ、兵役に対する猶予も認められていなかった

〔註70〕日本在第一次世界大戰期間，是置身事外的一國，當時全國致力於推動經濟的繁榮，因此教育水準和出版事業也興盛，使得文學更普及於民間；相對文壇的發展也更複雜多樣，作家、學者輩出。如昭和時期便已從事寫作活動的夏目漱石、森鷗外、芥川龍之介、菊池寬、川端康成及白樺派眾多具有時代特色的作家。參自：周佳榮，《近代日本文化與思想》，臺北市：臺灣商務印書館股份有限公司，1994 年 6 月，頁 112。
〔註71〕昭和十二年（西元 1937 年），爆發中日戰爭，日本開始進入全面戰爭狀態。
〔註72〕在此時代的日本，先是法西斯主義盛行，而使得創造文化之基礎的自由受到箝制；接著是皇國精神的鼓吹，前後發生許多對言論的鎮壓行動。此時代可以說是日本文化之蒙難期。參自：鄭樑生，《日本通史》，臺北市：明文書局股份有限公司，1993 年 12 月，頁 500～501。
〔註73〕參自：周佳榮，《近代日本文化與思想》，臺北市：臺灣商務印書館股份有限公司，1994 年 6 月，頁 128～140。
〔註74〕昭和一七年，（西元 1942 年）。太平洋戰爭開始。
〔註75〕「右文：文事を尊ぶこと。文学を重んずること。」右文：以文學為尊，重視文學。參自：CASIO EX-WORD XD-S5000 電子辞書広辞苑。

からである。）〔註76〕這種選擇在戰時是勇氣與堅持的表現。因爲，除了文
學在當時不受到重視之外，尚須面對社會上認爲文學無用的壓力。但伊藤漱
平依舊進入此校就讀，並從此開啓伊藤漱平致力於《紅樓夢》的學習研究生
涯。

一、伊藤漱平之生平

　　大正十四年（西元 1925 年）十月二十日，伊藤漱平誕生於日本愛知縣碧
海郡新川町。〔註77〕直至中學校（舊制）畢業之前〔註78〕都在愛知縣受教育。
昭和十八年四月，伊藤漱平到當時東京的第一高等學校（舊制）就讀，主修
文科四類，也就是古典選修。伊藤漱平在第一高第學校學習了兩年。〔註79〕
這兩年間向竹田復教授、佐久節講師等人學習漢文。在課餘，學校爲學生特
別設的課程中，伊藤漱平學習了中文初步、入門；也學習了書法及漢詩朗誦。
（業余、特設高等科生徒才金城に中国語初步を学ぶ。また松井如流に入門、
書法を学ぶ、木村岳風に漢詩の朗吟を学ぶ。）〔註80〕這些學習，都爲伊藤漱
平奠定穩固的中國文學基礎。

　　伊藤漱平在第一高等學校學習時，適逢學制改革，因此高等學校的在學期
間縮短爲兩年。伊藤漱平於昭和二十年（西元 1945 年）三月，由第一高等學校
畢業。同年四月，進入東京帝國大學，文學部支那哲文學科。〔註81〕但旋即於
同月休學，進入軍隊服役，投入太平洋戰役。同年九月，太平洋戰爭便宣告結

〔註76〕伊藤漱平教授退官記念中国学論集刊行委員会，《伊藤漱平教授退官記念　中
　　　　国学論集・序》，東京都：汲古書院，1986 年 3 月 31 日，頁 1。
〔註77〕現之日本愛知縣碧海郡碧南市。
〔註78〕昭和十八年 3 月（西元 1943 年）
〔註79〕昭和十八年 4 月（西元 1943 年）至昭和二十年 3 月（西元 1945 年）共兩年。
〔註80〕伊藤漱平教授退官記念中国学論集刊行委員会，《伊藤漱平教授退官記念　中
　　　　国学論集・伊藤漱平教授年譜》，東京都：汲古書院，1986 年 3 月 31 日，頁 3。
〔註81〕東京帝國大學即爲現之東京大學。創立於明治十年（西元 1868 年）初時名
　　　　爲東京大學，「4 月 12 日、東京大学創設（東京開成学校と東京医学校を合
　　　　併、旧東京開成学校を改組し、法・理・文の三学部、旧東京医学校を改
　　　　組し医学部を設置、東京大学予備門を付属）」，明治三十年 6 月改爲東京
　　　　帝國大學「帝国大学を東京帝国大学と改称」；昭和二十六年 10 月（西元
　　　　1938 年）改名爲現之東京大學「昭和二十六年 10 月東京帝国大学を東京大
　　　　学と改称（帝国大学令等を改正）」。參自：東京大學ホームページ：東京
　　　　大学の歴史沿革。

東。日本戰敗，伊藤漱平也退役歸鄉，於次年〔註82〕四月復學。〔註83〕

　　東京帝國大學文學部，中國文學科，自創立開始，〔註84〕便以正統的中文研究教育爲宗旨。教學內容著重於精密的文獻解讀、文字訓詁方面的研究。直至二十世紀初，由塩谷溫〔註85〕所帶領的「漢學」學風，以及倉石武四郎〔註86〕所立下的中國語教育基礎使當時的中國文學科研究風氣轉變，令研究的範疇拓展開來。因此才使得東京大學在戰後，〔註87〕於中國文學翻譯、中國文學研究等領域重要學者輩出。〔註88〕〔註89〕

　　伊藤漱平在東京帝國大學在學期間，向倉石武四郎、松枝茂夫〔註90〕、增田涉〔註91〕等老師學習中國語言學、中國文學、目錄學、中國哲學等課程。

〔註82〕昭和二十一年（西元 1946 年）。

〔註83〕參自：同註 80，頁 3。

〔註84〕東京帝國大學的文學部中國文學科，目前是東京大學文學部・中國語中國文學（中文）研究室。設立的時間可以追溯到東京大學創立之初（西元 1877 年）。

〔註85〕塩谷溫，生於明治十一年（西元 1878 年），卒於昭和三十七年（西元 1962 年）6 月 3 日。東京大學名譽教授，是通俗文學的專門學者。參自：日外アソシエーツ編集部，《中国文学専門家事典》，東京都：日外アソシエーツ株式会社，1980 年 10 月 8 日，頁 129。

〔註86〕倉石武四郎，生於明治三十年（西元 1897）9 月 21 日，卒於昭和五十年（西元 1975 年）11 月 14 日。東京大學、京都大學的名譽教授，是語言學的專門學者。參自：同註 85，頁 99。

〔註87〕戰後指太平洋戰爭之後。

〔註88〕中國文學翻譯學者如伊藤漱平；研究近代中國的竹內好，作家武田泰淳等人，都是東京大學文學中國語中國文學研究室的成員。參自：東京大学文学部大学院人文社会系研究科紹介ページ。

〔註89〕參自：伊藤漱平教授退官記念中国学論集刊行委員会，《伊藤漱平教授退官記念　中国学論集・序》，東京都：汲古書院，1986 年 3 月 31 日，頁 2。東京大学文学部大学院人文社会系研究科紹介ページ、東京大学文学部中国語中国文学研究室ホームページ。

〔註90〕松枝茂夫，生於明治三十八年（西元 1905 年）9 月，是明清文學的專門學者。以明清小說爲主要研究方向，翻譯數部重要的清代小說、筆記：《思痛記》、《浮生六記》、《聊齋誌異》、《紅樓夢》等。是日本學術界重要的明清文學學者，也是「東方學會」的成員。參自：日外アソシエーツ編集部，《中国文学專門家事典》，東京都：日外アソシエーツ株式会社，1980 年 10 月 8 日，頁 243～245。

〔註91〕增田涉，生於明治三十六年（西元 1903 年）10 月，卒於昭和五十二年（西元 1977 年）3 月 10 日。是專研近代文學與近代小說史的學者，尤以中國小說史及魯迅研究爲其最主要的研究方向，是「東方學會」的成員。參自：同註 90，頁 240～241。

〔註92〕其中影響伊藤漱平最深的，是松枝茂夫與增田涉兩位教授。「與其說伊藤漱平爲當時年輕的松枝副教授與增田涉講師，所講授的中國文學傾倒，倒不如說他透過兩位教師講授的課程，接觸了《紅樓夢》，並被《紅樓夢》所具有的強大魅力吸引住（伊藤さんはむしろ当時の若き松枝助教授、増田涉講師の文学への傾倒に、より大きく魅せられ『紅楼夢』を「発見」されたのではないかと思われる。）」而之後伊藤漱平與松枝茂夫教授、增田涉教授的師生互動，以及互相增長的情誼，更令學術界稱羨。〔註93〕

尤其是松枝茂夫與伊藤漱平，兩人前後將《紅樓夢》譯爲日文，師生二人一生皆爲此書奉獻。在伊藤漱平的文章中曾提到：「我爲師生兩代迷戀不捨的《紅樓夢》的魅力，以及創作了這部小說的作者曹雪芹的偉大而驚嘆不已。在英國完成了全譯的霍克思教授不也是抱著同樣的想法嗎？」〔註94〕此段話中，除了可以看到所有埋頭紅學之研究者共同的心聲，也能感受到伊藤漱平與松枝茂夫，師生兩人對《紅樓夢》所抱持的熱情。

昭和二十四年（西元1949年）三月，伊藤漱平自東京大學文學部中國文學科畢業。當時的畢業論文便以《紅樓夢》爲研究目標，論文題目爲：「紅楼夢覚書——曹霑と高鶚に就いて」，以曹霑與高鶚爲研究對象。四月旋即進入東京大學研究所，當時的研究題目是「紅楼夢研究」。在研究所的學習中，曾向倉石武四郎教授、長沢規矩也講師、藤堂明保講師等人學習中文、中國文學、書誌學等科目。八月自東京大學研究所退學，到北海道札幌市的北海道大學擔任助教一職。

在北海道大學擔任助教〔註95〕六年期間（昭和二十四年八月（西元1949）～昭和三十年二月（西元1955年）），〔註96〕伊藤漱平旁聽了奥野信太郎講師的「中国芸能史」〔註97〕就是中國藝術史；亦旁聽了增田涉講師與竹內好〔註98〕

〔註92〕參自：伊藤漱平教授退官記念中国学論集刊行委員会，《伊藤漱平教授退官記念　中国学論集·序》，東京都：汲古書院，1986年3月31日，頁3。
〔註93〕參自：同註92，頁2。
〔註94〕伊藤漱平，〈二十一世紀紅學展望——一個外國學者論述《紅樓夢》的翻譯問題〉，紅樓夢學刊，1997年增刊，頁28。
〔註95〕日本大學教員階級與我國相對照：「助手」同於「助教」，「講師」同於「講師」，「助教授」同「副教授」，「教授」同「教授」。
〔註96〕昭和二十四年8月（西元1949年）～昭和三十年2月（西元1955年）。
〔註97〕「芸能」一詞，在日文中是指：「映画、演劇、落語、歌謡、音楽、舞踊など、主に大衆演芸向けの娯楽の総称。教養として身につけなければならない学

講師的「魯迅研究」。在此六年間，伊藤漱平與山田奈美子〔註99〕結婚。〔註100〕
在北海道大學擔任助教期間，伊藤漱平先生累積了自己的經驗與學識，爲未來
的學術之路奠定基礎。伊藤漱平的主要論文與翻譯作品，皆發表於離開北海道
大學之後。

　　伊藤漱平在昭和三十年四月（西元 195 年）升任講師，就任位於日本島
根縣松江市的島根大學。隔年九月升任助教授（副教授）。即使已升任助教授，
但伊藤漱平在此期間仍旁聽了浜一衛講師的「中国演劇史」，也就是中國戲劇
史。伊藤漱平在擔任島根大學副教授時，開始《紅樓夢》的翻譯工作。昭和
三十五年（西元 1960 年）自島根大學辭任之後，先後擔任：大阪市立大學副
教授、碩士班授課、博士班授課〔註101〕其間歷時約十年；升任北海道大學教
授，教授文學系之中國文學課程、碩博士課程授課。昭和五十二年四月（西
元 1977 年），再由北海道移往東京，擔任東京大學文學系，中國語言文化講
座、東京大學研究所人文科學院碩博士課程之授課。在此二十二年間，伊藤
漱平由講師逐步累積教學經驗，漸次升等至教授。在每個大學皆授課停留長
達數年的時間，想當然爾必與學術界人士有更多的交流，桃李滿天下，亦奠
定伊藤漱平先生在學術界的地位。

　　在東京大學任教六年間，〔註102〕伊藤漱平與國際紅學界有頻繁的交流
如：昭和五十五年（西元 1980 年）三月，由松枝茂夫擔任團長、伊藤漱平爲
副團長的日本中國文學學者組成的訪問團，拜訪中國約兩週的時間。同年六

問、芸術などの技芸。礼、楽、射、御、書、数の六芸（りくげい）のほか、
詩歌、書画、蹴鞠（しゅうきく）など。」包含傳統或通俗的藝術，範疇由
雅藝的禮、樂、射、御、書、術到通俗技藝的舞蹈、戲劇……。因此「中國
芸能史」泛指中國所有藝術的歷史。參自：CASIO EX-WORD XD-S5000 電
子辞書・大辞泉。

〔註98〕竹內好，生於明治四十三年（西元 1910 年）卒於昭和五十二年（西元 1976
　　　　年），專研中國現代文學，尤以魯迅、茅盾等人爲研究的重心，後成爲專業
　　　　的文學評論家，著作豐富。參自：日外アソシエーツ編集部，《中國文學專
　　　　門家事典》，東京都：日外アソシエーツ株式会社，1980 年 10 月 8 日，頁
　　　　163～165。

〔註99〕山田ナミ子，依發音譯爲山田奈美子。

〔註100〕參自：伊藤漱平教授退官記念中国学論集刊行委員会，《伊藤漱平教授退官記
　　　　　念　中国学論集・伊藤漱平教授略年譜》，東京都：汲古書院，1986 年 3 月
　　　　　31 日，頁 3～5。

〔註101〕昭和三十五年（西元 1960 年）4 月～昭和四十五年（西元 1970 年）3 月。

〔註102〕昭和五十三年（西元 1978 年）至昭和六十一年（西元 1986 年）3 月。

月，又到應邀赴美國參加ウィスコンシン大学（譯名爲：威斯康辛大學）所舉辦的「第一回國際《紅樓夢》研討會（The First International Conference on the Dream of the Red Chamber）」，也在與會時發表〈漫談日本『紅楼夢』研究小史〉。〔註103〕接下來數年內，日本的紅學研究也躋身世界紅學一員。〔註104〕昭和六十一年（西元 1986 年）三月，伊藤漱平因已年滿六十歲達到退休年齡，故在這一年自東京大學退休，從此進入從教職退休後的另一種研究生涯。

自東京大學退休後的伊藤漱平，依舊爲學術研究與培植後進而努力。隔年四月，受聘爲日本東京二松學舍大學校長，其後也擔任京都市立命館大學研究所的教授。這兩所大學，都是日本大學中，致力於中國文學研究的學校。其中二松學舍大學，更是培養出日本文豪夏目漱石的學校。伊藤漱平退休後，依舊在教育界講授小說與《紅樓夢》。平成十四年（西元 2002 年）四月，接受日本文部科學省授予「勳三等旭日中綬章」；〔註105〕近年來，伊藤漱平八十多歲的高齡，依然時常應各地的邀約舉行講座。如：二〇〇二年到日本的中國文學、儒學研究重地湯島聖堂，舉行《紅樓夢》的講座，二〇〇三年十月四日也舉行了百人參加的《紅樓夢》講座。〔註106〕

伊藤漱平應日本「老舍讀書會」的邀請，在《紅樓夢》演講會中，暢談了「作者曹雪芹憂鬱症的問題」；「作者在作品四字句韻文中，隱含對當時乾隆皇帝直接進言的可能性之解讀」。〔註107〕將曹雪芹的精神症狀與現代人最嚴重的憂鬱症問題相對應，是個有趣的題目。近期的《紅樓夢》研究論文中，亦有許多論文以《紅樓夢》中人物的心理精神狀態爲主題，如：林黛玉與憂鬱症、賈寶玉的戀母情結等，但尙無人分析作者曹雪芹本身的憂鬱症問題。此研究在紅學界的研究中，是一項嶄新的研究主題。

〔註103〕伊藤漱平教授退官記念中国学論集刊行委員会，《伊藤漱平教授退官記念 中国學論集・伊藤漱平教授略年譜》，東京都：汲古書院，1986 年 3 月 31 日，頁 5。

〔註104〕伊藤漱平與國際紅學的交流及中國紅學之交流，將於本章第四節詳細描述。

〔註105〕參自：全私學新聞_ONLINE NEWSPAPER 記事 2002 年 5 月 3 日號。

〔註106〕此次演講主要是以曹雪芹及其弟爲主題，伊藤漱平推測曹雪芹與其弟可能是一卵雙生的雙胞胎。而且推測他弟弟曹霑可能是脂硯齋，協助曹雪芹創作《紅樓夢》。當然，這只是伊藤漱平近年的研究推測，尚在考據研究中。

〔註107〕「五〇年来「紅楼夢」研究に取り組んでこられた伊藤漱平先生が蘊蓄を傾けて展開された大講演で、作者曹雪芹のうつ病の問題や、作品中に埋め込まれた四字句の寓意の解読を通じて「紅楼夢」が当時の乾隆帝に対する作者の直訴である可能性にも言及され、聴衆に深い感銘を与えました。」參自：紅楼夢講演会開催。

多年來紅學界便有索隱一派，這些研究者深入研究《紅樓夢》一書，與清朝皇帝后妃的關係。但卻多侷限於研究小說中哪些角色是影射董小苑、乾隆、康熙……，伊藤漱平跳脫這個漩渦，直接解讀曹雪芹在作品中，是否隱含對當時皇帝的建言，這雖也是索隱的研究方式，卻也具有新意，令人不禁有深入探究的興趣。這兩個具有研究價值的新主題，可以讓人看到未來紅學研究的大方向：一是與時代脈動切合的新題材、另一則是從舊研究方向中，找到新研究主題。

2009 年 12 月 21 日伊藤漱平先生因慢性腎衰竭病逝，享年 84 歲。退休後，致力編集的《伊藤漱平著作集》全五卷，〔註 108〕在伊藤漱平去世前只刊行了前三卷〈紅樓夢編〉，第五卷於 2010 年 12 月 21 日發行完畢。此著作集爲伊藤漱平一生專研中國文學的論著集結。〔註 109〕由伊藤漱平親自選輯自己的論文中，對後輩研究者較具影響力與研究價值篇章。〔註 110〕

伊藤漱平之龐大藏書，目前由東京大學東洋文化研究所收藏。取名「兩紅軒文庫」的藏書中，有世界唯一的《嬌紅記》；《紅樓夢》最初期的印刷本「程甲本」及明末清初的文人李漁的相關資料。是研究《紅樓夢》與《嬌紅記》的珍貴文物。〔註 111〕

〔註 108〕《伊藤漱平著作集》全五卷，由汲古書院出版：〈第一卷紅樓夢編（上）〉；〈第二卷紅樓夢編（中）〉；〈第三卷紅樓夢編（下）〉；〈第四卷中國近世文學編〉；〈第五卷中國近現代文學・日本文學編〉，全書於 2010 年 12 月 21 日出版完結。第一卷爲《紅樓夢》版本論（書誌學、文獻學）的研究。第二卷爲《紅樓夢》作家論、作品論的研究。第三卷爲《紅樓夢》讀者論、比較文學、比較文化的研究。第四卷爲《嬌紅記》研究、明末清初研究、李漁研究……。第五卷爲近現代中日學者與現代小說研究。參自：汲古書院出版目錄 http://www.kyuko.asia/。

〔註 109〕「先生は、ご退休後、そのお力を『伊藤漱平著作集』（汲古書院刊）の編集に注いでおられました。全五卷のうち、第一卷から第三卷に至る「紅樓夢編」は完結しましたが、つづく第四卷の刊行を目前にしてのご逝去は、ご無念だったでありましょう。本年中には、第五卷も刊行の予定です。」參自：東京大學學內廣報 http://www.u-tokyo.ac.jp/gen03/kouhou/1396/06.html

〔註 110〕伊藤漱平，《伊藤漱平著作集・第五卷中國近現代文學日本文學編》，東京都：汲古書院，2010 年 12 月 21 日，頁 227。

〔註 111〕「先生の膨大なご藏書のうち、『紅樓夢』と明末清初の文人李漁に関する資料は、現在「両紅軒文庫」として本學東洋文化研究所に收藏されています。なかには『紅樓夢』最初期の印刷本である「程甲本」、世界に一つしかない小説『嬌紅記』などの貴重な版本も含まれています。」參自：東京大学学内広報 http://www.u-tokyo.ac.jp/gen03/kouhou/1396/06.html

　　伊藤漱平的去世，令中日學者同聲哀悼，紛紛發表悼念文章以紀念伊藤
漱平先生，爲紅學界失去一位研究熱心、嚴謹細膩的紅學家感到不捨與追念。
〔註 112〕

二、伊藤漱平之人格特質

　　除了伊藤漱平教授在退休時所集結的學術論文集，《伊藤漱平教授退官記
念　中国学論集》與伊藤漱平於七十歲時集結的序、跋、雜感合集，《児戯生
涯──読書人の七十年》〔註 113〕兩書中，可看到伊藤漱平文學論述以外的其
他作品。另外可從伊藤漱平所發表的文章，或旁人所側面寫到伊藤漱平的文
章中，來認識了解伊藤漱平其人其事。

（一）治學謹嚴、處事細膩

　　伊藤漱平在北海道大學擔任助教，以及在島根大學擔任講師與副教授期
間，依然持續旁聽各種課程。這種嚴謹的學習態度，在伊藤漱平學習與教學
的生涯中，處處可見。

　　伊藤漱平對於學術的研究極爲沈醉與用心，伊藤漱平的後進尾上兼英在
《伊藤漱平教授退官記念　中国学論集・序》中一段回憶的話，雖然是側面
寫他對伊藤漱平的印象，但卻可以更直接認識伊藤漱平。「這一年，我們別稱
七武士的同學們進入東京大學就讀，常可見伊藤先生在昏暗的研究室一角默
默讀書的身影，當時的我仰望著那身影，覺得他看起來很耀眼。（その年の我々
いわゆる『七人の侍』が、東京大学に入学した。薄暗い研究室の一隅で黙々
と読書にはげまれる伊藤さんの姿を、まぶしいと感じながら眺めていた
が。）」〔註 114〕從尾上兼英這一小段話可以看到，這一年，伊藤漱平剛從東京

〔註 112〕中日學界爲伊藤漱平寫悼念文章的學者眾多：有袁行霈之〈願他的靈魂昇入
　　　　　佛國──悼念伊藤漱平教授〉；馮其庸之〈沈痛悼念伊藤漱平先生〉；孫玉石
　　　　　等之〈紅樓明月在、酒淚向東瀛〉；大木康〈悼念伊藤漱平老師〉。參自〈國
　　　　　際漢學研究通訊・第一期〉，北京市：中華書局，2010 年 5 月。爲記念伊藤
　　　　　漱平一生爲《紅樓夢》傾心，伊藤漱平之墓石特地選用紅色的石頭，並刻一
　　　　　「夢」字。參自：伊藤漱平，《伊藤漱平著作集・第五卷中國近現代文學日本
　　　　　文學編》，東京都：汲古書院，2010 年 12 月 21 日，頁 218。
〔註 113〕伊藤漱平，《児戯生涯── 一読書人の七十年》，東京都：汲古書院，1994
　　　　　年 10 月。
〔註 114〕伊藤漱平教授退官記念中国学論集刊行委員会，《伊藤漱平教授退官記念　中
　　　　　国学論集・序》，東京都：汲古書院，1986 年 3 月 31 日，頁 2。

大學文學部畢業，進入東京大學研究所，數月後，即到北海道大學就任文學部的助教。在這幾個月間伊藤漱平依舊孜孜不倦地研究、讀書，可見其對學術熱心認真的態度。

另有一段敘述：「その間に直接の交渉があつたのは、增田先生の還曆記念出版『中国の八大小説』に、急に埋めなければならぬ項ができたので協力してもらえぬかという、経過の説明を含めた丁重な電話を堺市から札幌の拙宅に頂戴した時だけである。」〔註115〕在尾上兼英的記憶中，與伊藤漱平的直接接觸，是伊藤漱平先生為增田涉還曆紀念出版《中國八大小說》一書時，向尾上兼英邀稿。當然，尾上兼英自稱填補論文空缺乃自謙之辭，但伊藤漱平與尾上兼英電話聯絡時誠摯有禮的態度，及其對所負責的事，鄭重嚴謹的處理方式，都令尾上兼英記憶深刻。

伊藤漱平對研究的執著態度，孫玉明在〈伊藤漱平的紅學成果〉一文中提到：

> 對於史料的辛勤搜求和對信息的密切關注相聯繫，伊藤漱平在某一個問題發表文章後，一旦出現了新的材料，他就會及時補充並修正自己以前的說法。正因如此，所以他往往喜歡抓住一個問題求索到底，不找到符合實際的正確答案誓不罷休。大木康於《研精覃思縝密通達》一文中說，伊藤漱平在北海道大學時代的主要成就是論文《程偉元刊〈新鐫全部繡像紅樓夢〉小考》，該文通過精勘《紅樓夢》最初的刊本：程本數種的異同而論到該書的刊行狀況。關於這篇論文，後來補發了補說〔註116〕和餘說，〔註117〕進一步探討了程本的刊行狀況，同時論及《紅樓夢》的續作者高鶚和刊刻者程偉元的事迹。伊藤先生環繞著一個題目不懈地發表新見。這種治學態度真令人佩服。〔註118〕

伊藤漱平的研究精神與治學態度，是前輩學者們能成就重大研究成果的主要因素，值得研究的後進們學習。

伊藤漱平處事的嚴謹細膩處，也展現在他於在一九七七年四月，於東京

〔註115〕伊藤漱平教授退官記念中国学論集刊行委員会，《伊藤漱平教授退官記念　中国学論集‧序》，東京都：汲古書院，1986 年 3 月 31 日，頁 3。

〔註116〕發表於 1977 年，《東方學》第五十三期。

〔註117〕發表於 1978 年，《東洋文化》第五十八期。

〔註118〕孫玉明，〈伊藤漱平的紅學成就〉，紅樓夢學刊，2005 年第一輯，頁 270～271。

大學文學部擔任學務工作任內。他成功地將文學部龐大雜亂的幾十萬部珍貴藏書井然有序地分類完成。〔註119〕「七七年四月、東京大学文学部に着任されてからは、その緻密着実な学風が、学務雑事の末に至るまで及んでいることを身近かに見聞することができ、また厖大な蔵書がみごとに分類整理されている様を見、学者はかくあるべきものと感嘆した。」〔註120〕能完成這項工作，著實令人讚嘆不已。

他治學的態度也受到海外學者推崇，除了前述的胡文彬等人外，在岑佳卓所編寫的《紅樓夢探考·紅學在日本》一章中，特別提及伊藤漱平：「紅學考證的文章是晚近才出現的。其中尤以北海道大學的伊藤漱平教授爲最有名。此君在這方面的功力深厚，態度謹嚴而又富創見。他搜集紅學的資料不遺餘力，可以稱得上是今天海外紅學家收藏資料最齊備的一人。」〔註121〕岑佳卓在編寫此文時，伊藤漱平尚於北海道大學擔任教授，當時他的翻譯與紅學研究皆歷時不長，但他的嚴謹與努力，依然受到紅學界學者注目。

當然，伊藤漱平的研究方法也非全無誤差，孫玉明便曾提及，雖然他對收集資料下了很大的工夫，但難免使用到錯誤的資料，例如間接使用了錯誤的二手資料，而使得研究結果有誤；又或是在資料不夠充足的情況下，過於貿然做出判斷等，也值得後學做爲借鏡。〔註122〕

（二）待人謙虛、幽默可親

伊藤漱平爲人謙和有禮，尊師重道，尤其對曾爲自己授業恩師的松枝茂

〔註119〕「学院人文社会系研究科・文学部図書室には、八三万冊を越える蔵書を有しています。文学部は一二〇余年という日本の大学の中で最古の歴史を有し、蓄積された研究・教育資料は、膨大なものがあります。これら人文系の知的財産を後世に引継ぐとともに、一層の資料の収集・充実に努めています。これら資料は、三号館図書室、二号館図書室、漢籍コーナー、および各研究室に分散して配置されています。」東京大學文學部自東京大學創校以來便成立，有一百二十餘年的歷史。因此藏書龐大且珍貴，此圖書室現有超過八十三萬冊的藏書，其中有許多古漢籍、東亞各國的珍貴典籍。是日本的大學中歷史最古老、最有價值的圖書室，也是東京大學人文學系最引以爲傲的財產。參自：東京大学大学院人文社会系研究科文学部図書室ホームページ。

〔註120〕伊藤漱平教授退官記念中国学論集刊行委員会，《伊藤漱平教授退官記念　中国学論集·序》，東京都：汲古書院，1986 年 3 月 31 日，頁 3。

〔註121〕岑佳卓編著，《紅樓夢探考》，臺北市：岑佳卓，1985 年 9 月，頁 99。

〔註122〕參自：孫玉明，〈伊藤漱平的紅學成就〉，紅樓夢學刊，2005 年第一輯，頁 276～277。

夫、增田涉……，一生恭敬。在學術界中亦一直受到其他研究者的敬重，由
前文中尾上兼英的描述可以了解。伊藤漱平在《児戯生涯──一読書人の七
十年》的序文中對自己的名字寫過一段有趣的話：

> そこで以下には推測を書くことになる。私は大正十四年の生まれで
> あるが、三河の片田舎で実業に従っていた父は、書を好んで、のち
> に書壇社（院）を興した吉田苞竹先生に十一年に入門している。…
> …，『石にくちそそぎ流れに枕す』だとこじつけて説明した漱石の
> 雅号の由来についても、知る機会があったろう。それにしても「漱
> ぎて（水）平らかなり」と読むにせよ、雅ではない。〔註123〕

伊藤漱平的父親愛好書法，因此對文學與藝術也有研究。他覺得父親爲自己取
的名字「伊藤漱平」，雖然與日本大文豪，「夏目漱石」的漱字，有一字雷同，
但卻只是強加附會，並沒有像夏目漱石的名字這麼風雅且具有意義。他還因爲
名字中有「漱」字，數次被人奚落他名字中的這個字太重，可能有配不上之嫌：
「きみは名前負けだな。『漱』という字が重過ぎるもの」〔註124〕，他對於這
種說法都是用自嘲的方式接受，因爲他對夏目漱石也充滿了敬意，並且認爲這
個名字好似具有魔力，讓他與夏目漱石的兩位門下弟子有很深的緣份；他退休
後到二松學舍大學就職，這個學校正是夏目漱石的母校，這也是另一種緣份。
這種對人的態度，也可以看出伊藤漱平樂觀，且不與人交惡的性格。

　　西元二○○二年，伊藤漱平退休後，於湯島聖堂《紅樓夢》講座的講學方
式可知。他授課時生動活潑，與在大學授課時不同，伊藤以激起學生對《紅
樓夢》的閱讀與興趣爲目標，用雜談的方式與同學討論《紅樓夢》。由一位到
講座聽講的學生所寫的心得來看：〔註125〕

〔註123〕伊藤漱平，《児戯生涯──一読書人の七十年》，東京都：汲古書院，1994
　　　　年10月，ii。
〔註124〕伊藤漱平，《児戯生涯──一読書人の七十年》，東京都：汲古書院，1994
　　　　年10月，頁iii。
〔註125〕「今、伊藤先生は湯島聖堂で紅楼夢の講座を受け持たれてますが、よそ事
　　　　も多く紅楼夢についてが、最後の５分〜という時もあり大学の講義とはや
　　　　はり違いました。でも先生も、宝・黛が西廂記を読んでいる切手をお持ち
　　　　で、回して見せてくださいました。誰が一番お好きですか、とお聞きしま
　　　　したら、「そういう事は言わないことにしてます」とおっしゃられて、ビッ
　　　　クリいたしました！てっきり黛玉の名前が出ると思ったんですが。きっと
　　　　登場人物皆に愛着をお持ちなんですね。私のようにミーハーなお気持ちで
　　　　はないんですね─。」参自：紅楼夢雑談部屋2002年7月21日。

在授課時，伊藤漱平帶著寶黛共讀西廂的郵票，讓同學們傳著看，也可以與同學談論最喜歡書中的哪一位人物。雖然伊藤漱平對這個問題不表達意見，但還是可以從這段話中感覺到，伊藤漱平在這類非正式講座中，所營造的活潑開放講課氣氛。在西元二〇〇三年十月舉行的演講會，同樣也有類似的幽默氣氛，伊藤漱平說：「自己背上背著曹雪芹的幽靈」，〔註126〕對自己畢生研究《紅樓夢》幽默的自嘲。演講會後，也和與會的後進讀者們聚餐，氣氛和樂融融，令與會者難忘大師的風範。

雖然伊藤漱平平時專心於學術研究，但他也涉獵流行事物，如：星座。讀到他在文章中寫及自己的喜好有兩面，可能是因為星座是天秤座的關係，「ただ私の場合、天秤座に生まれついたせいか、人も物もまた事もかく相対的に観ようとする傾向があるらしく、魯迅に硬い歯耐えの快味を感ずる一方で、周作人も遽かに嚙みきれぬ滋味を覚えるというふうだ。」〔註127〕因此在文學上的喜好可以喜歡魯迅嚴肅而有嚼勁的文學風格，也能喜歡周作人柔軟溫和的滋味。筆者讀到這段文字時不禁會心一笑，嚴謹的文學大師，也對星座這種流行事物有興趣。

（三）學習積極

在自選集《兒戲生涯——一讀書人的七十年》中，伊藤漱平自許為「讀書人」。幾十年的讀書生涯中，雖然做的是嚴謹的研究，讀書便是自己的工作，但他用愉快「兒戲」的心態，讓自己持續且無厭的在文字世界中悠遊。〔註128〕從學生時代開始，伊藤漱平便積極學習與中國文學有關的各種課程。即使已是大學助教，他也爭取機會旁聽「中國藝能史」、「魯迅研究」、「中國演劇史」⋯⋯。高齡七十一歲時，右眼動了修復視網膜剝離的手術，卻因主辦《紅樓夢》研討會的周策縱教授的盛情邀請，徵得主治醫師的許可後，依然到中國參加研討會。〔註129〕為的就是對《紅樓夢》那份熱情，與對紅學研究的積

〔註126〕「伊藤先生は『自分の背中には雪芹さんの幽霊がおぶさっている』とおっしゃっていました。」參自：紅楼夢掲示板ホームページ。

〔註127〕伊藤漱平，《兒戲生涯——一読書人の七十年》，東京都：汲古書院，1994年10月，頁9。

〔註128〕伊藤漱平，《兒戲生涯——一読書人の七十年》，東京都：汲古書院，1994年10月，頁367～368。

〔註129〕伊藤漱平，〈二十一世紀紅學展望——一個外國學者論述《紅樓夢》的翻譯

極態度，如此精神令人贊賞。

三、伊藤漱平與中國紅學界之交流

　　伊藤漱平與中國紅學界交流頻繁，分別於西元一九八〇年、一九八一年、一九八五年，前後三次訪問中國。〔註130〕其中最受人注目的是西元一九八〇年與西元一九八一年組團訪問中國時，與中國學術界的互動：

> 昭和五十五年三月（西元 1980 年）三月、江南の春を訪ねる旅行団（松枝茂夫団長）の副団長として、約二週間、始めて中国を訪問、上海・紹興・杭州・蘇州・無錫を歷遊する。……、昭和五十六年（西元 1981 年）四月、中国芸術研究院紅楼夢研究所より招請を受け、松枝茂夫教授に陪して訪中、約三週間に亘り、北京・南京・鎮江・揚州・蘇州・鄭州・洛陽・西安・を歷遊、北京大学・南京大学・文学研究所等において『紅楼夢』研究を中心とした学術交流を行なう。〔註131〕

這兩次的訪問，日本學術界皆組成訪問團，是正式的學術交流。尤其第二次是接受「中國藝術研究院紅樓夢研究所」之邀成行，等於是中日兩國紅學界正式的交流。松枝茂夫是第一位用日文全譯《紅樓夢》的日本學者，伊藤漱平則是繼承松枝茂夫，第二位全譯《紅樓夢》的日本學者。西元一九八一年時，伊藤漱平的日譯本《紅樓夢》已第三次改譯完成，兩人皆是日本最具代表性的紅學家。訪問期間遊歷中國著名的學府，北京大學、南京大學等，對中日兩國的紅學界而言，皆是一大盛事。

　　伊藤漱平也藉由書信及論文發表，與中國學者交流、討論，尤其伊藤漱平與吳世昌的論文往來討論，也被列入紅學論爭中。伊藤漱平說過，中國學者邀請他參加《紅樓夢》研討會的理由，可能與這次的論爭有關：「在日本，除我之外也不是沒有其它紅學研究人員，卻選中了我。這個原因恐怕是和我附松枝教授之驥尾出版了《紅樓夢》全譯本，以及和已故吳世昌教授圍繞著

問題〉，紅樓夢學刊，1997 年增刊，頁 16。
〔註130〕參自：胡文彬，《紅樓夢在國外》，北京市：中華書局，1993 年 11 月，頁 21。
〔註131〕伊藤漱平教授退官記念中国学論集刊行委員會，《伊藤漱平教授退官記念　中国学論集・伊藤漱平教授略年譜》，東京都：汲古書院，1986 年 3 月 31 日，頁 5。

其"小序說"的論戰，特別是和當時的威斯康辛大學趙岡教授圍繞著程偉元本插圖的不同版本的論爭有關吧。」〔註132〕

伊藤漱平與吳世昌兩人的論爭，研究者將之稱為「第八次論爭：吳世昌與伊藤漱平辯論"棠村序文"」，兩人針對《紅樓夢》卷首"此開卷第一回也"一段文字，以及早期抄本部份回次，正文之前的附加文字，究竟出於何人之手產生了爭議。吳世昌在西元一九六一年，英國牛津大學出版社，出版的《紅樓夢探源》與《我怎樣寫紅樓夢探源》，前後闡發自己的看法。認為脂硯齋所保存下來的序文，是曹雪芹之弟棠村為舊稿《風月寶鑒》所寫的序。伊藤漱平於次年西元一九六二年，在《東京支那學報》上撰寫〈紅楼夢首回、冒頭部分の筆者についての疑問〉，提出對"棠村序文"一說的質疑。文章採取逐回考察總評的方法，來證明吳世昌之說不能成立。之後吳世昌也在《東京支那學報》強力反駁、堅持己說，認為伊藤漱平之說「是最無理的論點……我與伊藤先生素昧平生，彼此無恩無怨，真不知道他何以要這樣和我過不去。」，伊藤漱平也隨後再發表了此篇論文的續篇與訂補兩篇文章，〈紅楼夢首回、冒頭部分の筆者についての疑問、（続）、訂補〉，兩位學者跨海辯議爭論，引起當時中外學術界的矚目。〔註133〕《紅樓夢》的論爭，是紅學界特有的現象，研究者或發表論文、或用書信、演說等方式來表達自己的論點；或質疑其他研究者的論點，其中當然不乏情緒性激烈的相互攻訐言論，造成學術界的嘩然，但不可否認這也為紅學研究帶來不少激盪與動力。因論爭有如此兩面評價，本文便依舊將伊藤漱平與吳世昌這次論爭，列為他與中國紅學界的交流之一。

伊藤漱平數十年來與中國學術界交流，因此也與許多中國學者有深厚交情。除了到中國參觀或會議外，伊藤漱平對中國到日本擔任客座教授，或到日本拜訪的學者，皆禮遇照顧有加。如復旦大學的王水照、北京大學的袁行霈、孫玉石等幾位教授，都曾到東京大學文學系擔任中籍教授，因為伊藤漱平誠摯相待，而對他極為信賴且敬重。〔註134〕中國著名的語言學教育家王力，

〔註132〕伊藤漱平，〈二十一世紀紅學展望——一個外國學者論述《紅樓夢》的翻譯問題〉，紅樓夢學刊，1997年增刊，頁17。

〔註133〕〈第八次論爭：吳世昌與伊藤漱平辯論"棠村序文"〉，紅樓藝苑百家爭鳴網站，2003年5月5日。

〔註134〕「この間、東大文学部に外人教師として来任中の王水照先生（復旦大学教授）からも、強いお申し出があり、論文をいただくことができた。先生の前任者である、北京大学の袁行霈・孫玉石両先生も、在任中に伊藤教授に

西元一九八一年到東京大學訪問，當時任教於東京大學的伊藤漱平，也盡地主之誼熱情接待。〔註135〕

第四節　伊藤漱平之學術成就

　　伊藤漱平曾經在一次國際《紅樓夢》研討會中提出，做爲一個外國學者研究《紅樓夢》所遇到的困境：

　　「在我看來進行《紅樓夢》研究本不應該有本國人（native）和外國人（foreigner）的差別。儘管如此，要充分理解漢人在二百幾十年前用漢語寫成的這部長篇小說，拿在文學研究上起巨大作用的感受性爲例來看，恐怕還是本國人有利。在理解這部百科全書式的作品的背景方面，不可否認也還是本國人有利。不過外國人有時候也有有利之處，可以找出本國人不易看到的地方，看到本國人難於看清的死角。在我所見到的周圍，日本人專家對以日本文學爲研究對象的外國學者，雖有過根深蒂固的輕視傾向，但近幾年來以多納魯多·金（Donald Keene）教授的《日本文學史》爲開端，外國人正在用自己的手完成改變了這種認識的眞正的研究。中國文學的研究也可以說是與此相同——《紅樓夢》研究也是包含其中的一種。而且，作爲外國學者也要有努力爲與本國人爲伍並有過之無不及的水平的研究成果問世，作出貢獻的決心。」〔註136〕

寄せられていた信頼と敬意から考えて。」伊藤漱平教授退官記念中国学論集刊行委員会，《伊藤漱平教授退官記念　中国学論集·あとがき》，東京都：汲古書院，1986 年 3 月 31 日，頁 1109。

〔註135〕「1981 年，八十一歲高齡的中國著名語言學教育家王力來到東京大學訪問。……國際著名紅學家、將《紅樓夢》譯成日文的譯者之一伊藤漱平教授一早就爲接待王力忙開了。他買回日本最好的糕點，沏好了日本名茶，還讓兩名助手準備了最好的硯臺和磨好了墨，等候貴賓的到來。……，王力來到東京大學，中文系的師生在文學部大樓門口迎接。日本研究《紅樓夢》小說的著名紅學家伊藤漱平第一個迎了上去。他們二人一見如故，格外親熱。他們把手握得緊緊的，邊走邊談。王力對伊藤說：「告訴您一個好消息，中國正在編一部集各種《紅樓夢》版本之大成的書呢！」伊藤高興地說："希望這部書能早日問世。"。」孫承武，《巍巍名校——全球十大名校概況》。

〔註136〕伊藤漱平，〈二十一世紀紅學展望——一個外國學者論述《紅樓夢》的翻譯問題〉，紅樓夢學刊，1997 年增刊，頁 19。

以一位研究中國文學的外國學者而言，伊藤漱平的研究成果極爲傲人。日本漢學家受中國乾嘉學派的影響較深，因此他們在《紅樓夢》研究中，發揮了考據方面的功力。這種考據的工夫，在伊藤漱平的文章中尤其突出，他的文章大部份是以考據的方法寫成。〔註137〕伊藤漱平早期接觸的紅學研究是胡適等人一派的研究文章，因此其研究風格與胡適、俞平伯、周汝昌等中國紅學家很接近。研究《紅樓夢》的日本學者中，伊藤漱平是第一位全心致力於《紅樓夢》一書的研究者。不僅前後三次修訂譯本，自西元一九五四年，發表第一篇論文〈曹霑と高鶚に関する試論〉後，直至近年還是持續不斷有從版本、作者、近代紅學家的研究，到與《紅樓夢》有關的美食、花、等各種紅學的論文發表。伊藤漱平積極與世界各國學者交流，使日本紅學研究不在世界的紅學研究中缺席。伊藤漱平是日本在教育、創作、研究上最具代表性的紅學家。他發揮日本漢學家特有的考據長處，〔註138〕文章風格沈穩、詳實、積極收集證據資料，其紅學成就與其影響力不容忽視。〔註139〕今將其顯著的成就列述如下：

一、三次改譯《紅樓夢》

對一位譯者而言，能爲譯本改譯是爲自己作品負責的機會。數年後因學識經歷豐富，譯者對作品的理解也會有所改變。因此當作品再版或重新出版時，譯者皆會把握機會，對作品修正、改譯。除了伊藤漱平改譯三次外，松枝茂夫的岩波文庫《紅樓夢》全譯本也花費十幾年時間改譯。松枝茂夫曾在改譯時說過：「說起來，我那個是三十多年前的舊譯，可修改起來，幾乎只

〔註137〕參自：胡文彬，《紅樓夢在國外》，北京市：中華書局，1993 年 11 月，頁 22。

〔註138〕進入大正（西元 1912～1926 年）以後，日本中國學者在中國文學方面的研究，不但在理論與方法上繼續推陳出新，而且在範圍上也愈加廣泛……，在學風上京大繼承了清朝的考證學，重視資料的斟酌、新資料的發現、作品的精密解讀；又在元曲研究上參考了法國人的論著之類，強調科學主義的立場。爾來東大是在漢學的傳統上加以西洋文學的方法論；京大則是清朝的考證學加歐洲的東洋學。東西各保其學風。參自：張寶三，楊儒賓，《日本漢學研究初探》，財團法人喜瑪拉雅發展基金會，2002 年 3 月 1 日，頁 5。伊藤漱平生於大正時代，在昭和時代進入東京大學，在漢學的傳統上加以西洋文學的方法論，這種研究風格，可以自其文章中看到。

〔註139〕如日本第一本《紅樓夢》研究專書，合山究所著之《紅樓夢新論》，除了請伊藤漱平作序外，亦參考了伊藤漱平的發表的各種論文。

剩下些固有名詞沒改。可見舊譯很糟糕。」〔註140〕說自己的舊譯很糟糕其實是自謙之辭，但松枝茂夫經過三十多年持續不斷對漢學研究之後，經驗與知識都有長足的進步，對《紅樓夢》的理解也不同，才會有對舊譯不滿意的說法。

伊藤漱平曾說過：「《紅樓夢》有多彩的、偉大的價值，一朝一夕不可能測量它。我想相信，二十一世紀就是它作為世界文學中的瑰寶之一發揮它的獨自性、而能獲得獨特的地位的新世紀。除了專家以外，無數外國人利用譯本也能理解它吧。」〔註141〕他一生致力於《紅樓夢》的翻譯與研究，肯定《紅樓夢》的偉大價值。因此，將這世界文學的瑰寶，用日文翻譯出來，讓日本的讀者也有機會接觸到這部文學鉅作，是伊藤漱平最重視的工作。他說：「對外國人來說，把《紅樓夢》移植為自己國家的語言也是比本國人來得容易的工作之一。可是也有例外，比如本國人王際真教授和楊憲益教授以英文、最近李治華教授又以法文翻譯了《紅樓夢》。幾位都是即便到不了雙語言的水平也是可以如同母語般地運用外語的能手。」〔註142〕翻譯《紅樓夢》最重要的須對母語及中文可以運用自如，但對譯者而言也是最困難的一環。

伊藤漱平對翻譯《紅樓夢》的執著與重視，也可從他前後三次在改版時修訂自己的譯本看得出來。這四個版本分別為：

平凡社　中国古典文学全集　一九六○年出版　全三冊
平凡社　中国古典文学大系　一九七○年出版　全三冊
平凡社　奇書シリーズ　一九七三年出版　全三冊
平凡社　ライブラリー　一九九七年出版　全十二冊

前後將近五十年的翻譯時間，伊藤漱平致力於《紅樓夢》的翻譯工作與研究，他所抱持的熱情與嚴謹的精神，得到海內外紅學界人士的認同。專研《紅樓夢》海外傳播史的學者胡文彬，認為其《紅樓夢》日譯全譯本是日譯本中的優秀之作，也對伊藤漱平自西元一九五○年代以來對《紅樓夢》進行不懈的研究，與其論文的影響力，給予極高的評價。〔註143〕

〔註140〕遲公緒，〈松枝茂夫談《紅樓夢》〉，紅樓夢研究集刊，1980 年第四輯，頁 102。
〔註141〕伊藤漱平，〈九七北京國際紅樓夢學術研討會開幕式上的致詞〉，紅樓夢學刊，1997 年增刊，頁 11～12。
〔註142〕伊藤漱平，〈二十一世紀紅學展望—— 一個外國學者論述《紅樓夢》的翻譯問題〉，紅樓夢學刊，1997 年增刊，頁 19。
〔註143〕參自：胡文彬，《紅樓夢在國外》，北京市：中華書局，1993 年 11 月，頁 1。

二、《紅樓夢》版本之研究

伊藤漱平以其縝密的研究方法,在《紅樓夢》的版本研究上提出不少見解,為其他研究者開拓不同的研究視角,如紅學家趙岡於〈再談程排本紅樓夢的發行經過〉一文提到:

> 「有關程刻本發行經過的問題,並未因此而全部解決。這其中牽扯上的問題,遠比我們想像的複雜,這要從日本紅學家伊藤漱平的一篇文章談起。伊藤先生是以研究紅樓夢為專業的,功力深厚,思考慎密,是我所敬佩的學者之一,他不久前在「島居久靖先生華甲紀念集」中發表一篇論文,題名是「程偉元刊新鑴全部繡像紅樓夢小考」。文中討論之點很多……第一點,伊藤氏根據出版史料證明木活字版印書,能印的份數極有限……如果我們接受伊藤氏的推斷,倒也可以解決一些問題。譬如它可以幫助解釋程偉元及高鶚在短期內再三修訂紅樓夢的動機問題……,第二點是伊藤漱平提到,在程甲本出版後不久就有紅樓夢流到日本,值得注意的是這批書到達日本的時間和他們的裝訂方式……伊藤漱平企圖把這些運銷日本的紅樓夢,周春書中提到在蘇州開雕印刷的紅樓夢,以及東觀閣翻印本紅樓夢兩件事貫穿起來。」〔註144〕

程甲本、程乙本兩本活字本《紅樓夢》問世之後,刻本版紅樓夢很快的問世。因為其成本低且利於大量刷印,故對《紅樓夢》的普及,有極大的貢獻。在早期刻本中,東觀閣本《紅樓夢》,是流傳極廣且影響最大的版本,在紅學史上佔有極重要的地位。〔註145〕早期學者多對各種抄本集中研究,因此程甲本、程乙本兩種活字本的相關研究很少,而最後大量印刷製作的刻本《紅樓夢》相關的研究便更少。伊藤漱平在〈程偉元刊《新鑴全部繡像紅樓夢小考》〉一文,認為乾隆五十八年十一月,由浙江出發運到日本長崎港的《紅樓夢》,就是日本所藏的最早的東觀閣本《紅樓夢》。伊藤漱平做了更深入的研究,發現了新的資料,也修正了前人〔註146〕的推測,提供後進研究東觀閣本時,另一條線索。伊藤漱

〔註144〕 高陽,《紅樓一家言》,一書之附錄〈再談程排本紅樓夢的發行經過〉,趙岡。臺北市:聯經出版事業公司,1991 年 2 月,頁 143~145。

〔註145〕 參自:陳力,〈《紅樓夢》東觀閣本及其相關問題〉,紅樓夢學刊,2003 年第一輯,頁 142~143。

〔註146〕 在伊藤漱平之前提出此說之前,胡適認為東觀閣本最早的版本在乾隆五十七年(西元 1792)被翻印。

平試圖將中國流傳到日本的《紅樓夢》與中國當時的出版情況連結。另外伊藤漱平還試著考證了《紅樓夢》七十回本存在的可能性。〔註147〕這些成果都可以看出，伊藤漱平身爲版本考證家所具備的假設與考據能力。

三、將日本紅學研究與世界接軌

　　《紅樓夢》的研究除了中國、台灣、香港等，以華語爲母語的地方之外，美國、英國、俄國等地，亦有出色的研究者。日本學者一直都對中國古典文學、哲學、儒學認眞且深入的研究。因此與世界各國《紅樓夢》研究相較，日本的起步較早、研究也較踏實。日本對《紅樓夢》的研究，早期侷限於與中國互相交流。直至松枝茂夫與伊藤漱平的全譯本《紅樓夢》問世後，相關研究者與論文漸增，在世界《紅樓夢》研究中，亦佔有一席之地。伊藤漱平也積極參加世界各國所舉辦的《紅樓夢》研討會，前後共參加了四次國際研討會：西元一九八〇年，美國威斯康辛大學，周策縱主辦的國際研討會；西元一九八六年，哈爾濱師範大學舉行的國際研討會；西元一九九二年的國際研討會；西元一九九七年，馮其庸主辦，北京的《紅樓夢》研討會。伊藤漱平皆參加，並發表演說或論文：

> 冠於"國際"二字的《紅樓夢》討論會和會議，就我所知至今爲止已經召開過三次，榮幸的是我每次都有機會參加。假如把這次一九九七年八月上旬以北京飯店爲會場召開的"國際紅樓夢學術研討會"也看作是與上述幾次會議相同的話，便是第四次了……。當我在會議的前一年底接到邀請的時候，由于恩師松枝茂夫教授說他不能參加，因而我心想自己應該去，哪怕從日本去的就我一個人也好。〔註148〕

伊藤漱平如此積極，除了繼承其師松枝茂夫的責任感外，爲的便是不讓日本紅學研究缺席。儘量與世界各地的學者相互交流，接觸最新的研究成果，了解世界的脈動，取得更多學術上的新資訊，都是不讓日本國內的研究變得侷限落後的方法。伊藤漱平在參加第一次美國威斯康辛大學國際《紅樓夢》研討會時，便藉著機會與其他學者討論並觀摩各種《紅樓夢》版本，印證自己的研究成果：

〔註147〕伊藤漱平，〈《紅樓夢》成書史臆說——圍繞七十回本存在的可能性〉，國外社會科學，1994 年 9 月。

〔註148〕參自：伊藤漱平，〈二十一世紀紅學展望—— 一個外國學者論述《紅樓夢》的翻譯問題〉，紅樓夢學刊，1997 年增刊，頁 16。

「我應周（策縱）教授之邀，帶著四月份去世的吉川幸次郎教授幾十年前從北京琉璃廠購回，後輾轉售與我襲藏的程甲本以及推定爲蘇州刊本的《繡像紅樓夢全傳》這兩部書前往美國，紅樓夢研究所馮其庸所長本應帶上脂硯齋本的主要東西與會，卻因沒有得到攜往海外的許可，作爲替代帶去了幾部該書的複印件。⋯⋯有一天晚上，從海外來的客人應邀到周教授宅邸做客，我首先與趙岡教授一起核對了程甲本插圖，結果連趙教授也接受了我的意見，並收回了他在沒有看到原本的情況下所作的推測。當時我還意外地大飽了眼福，這就是我和馮所長等人得以將胡適後人寄存在耶魯大學的甲戌本拿在手裡仔細翻閱。近幾年，認爲這個本子是出自清末劉銓福之手的僞書之説頗爲盛行，但是那天晚上，按觸了原本的我認爲毫無疑問這是乾隆期間的抄本，這一看法至今沒有改變。」〔註149〕

版本學的考證研究，需要親自對照過各種版本，才能考證出各版本間的眞僞與年代。在這次會議中，伊藤漱平不但澄清證明了自己的說法，與其他學者共同核對討論版本，也看到其他學者珍貴的收藏，如《紅樓夢》研究院的脂本複印本；胡適珍貴且受到爭議的甲戌本收藏。參加這類的國際性會議，也讓伊藤漱平在《紅樓夢》版本學上的研究，有更多的成長與收穫。

四、研究曹雪芹、高鶚、脂硯齋

　　伊藤漱平對高鶚續書的評價與俞平伯不同，他給予高鶚褒多於貶，認爲他保留了前八十回所留下的悲劇伏筆，是《紅樓夢》能受到喜愛並流傳的功臣。在他所譯的平凡社ライブラリー版《紅楼夢》第九卷的〈小解說（二）〉中寫道：

総じていえば、前八十回原作の悲劇的性格をおおむね保存した手柄は大きく、その功の一半は高鶚に帰せらるべきか。また後四十回を弛ませずにカタストロフィー――悲劇的結末にまで持ってゆくために、黛玉の憤死、宝玉・宝釵の成婚、宝玉の遁世を基軸とする多くの見せ場、⋯⋯もつとも、前八十回自体そのことを要求

〔註149〕參自：伊藤漱平，〈二十一世紀紅學展望――一個外國學者論述《紅樓夢》的翻譯問題〉，紅樓夢學刊，1997年增刊，頁17。

したには違いない。〔註150〕

爲了突破小說大團圓的結局，後四十回的黛玉之死、寶玉、寶釵成婚、寶玉遁世爲主軸等情節，都爲悲劇結局做了最好的舖陳，也沒太過脫離前八十回所埋的伏筆，與其他《後紅樓夢》、《紅樓續夢》、《紅樓圓夢》等續書相比，高鶚的功勞實不能抹滅。

　　近幾十年來喧騰一時的曹學研究風潮，伊藤漱平也沒缺席，雖然遠在日本，最新發現的資料取得並不容易，但伊藤漱平關於曹雪芹的研究，在紅學界也極受到重視。伊藤漱平自昭和二十九年（西元 1954 年）開始，有較頻繁的論文發表，〔註151〕其中與《紅樓夢》作者相關的論著如下（依發表先後排列）：

　　　〈曹霑と高鶚に関する試論〉
　　　〈李漁と曹霑──その作品に表はれたる一面（上）、（下）〉
　　　〈曹霑の肖像画〉
　　　〈曹霑の画技について〉
　　　〈紅楼夢首回、冒頭部分の筆者についての疑問、（続）、訂補〉
　　　〈脂硯斎と脂硯斎評本に関する覚書（一）～（五）〉
　　　〈曹雪芹肖像画の眞贋──いわゆる王岡筆小象のこと〉
　　　〈晩年の曹霑の「佚著」について『廃藝斎集稿』等の眞贋をめぐる覚書〉
　　　〈曹雪芹の没年論争と句読（上）──仲春『紅楼夢』索隠談義〉
　　　〈曹雪芹の没年論争と句読（下）──暮春『紅楼夢』索隠談義〉
　　　〔註152〕

此類研究範圍：包含曹雪芹的晚年與過世之年的研究、脂硯齋與其評本之研究……。西元一九五〇至西元一九六〇年代，日本的研究者包括伊藤漱平在內，皆主要針對曹雪芹與高鶚的生平、家世；《紅樓夢》前八十回與後四十

〔註150〕伊藤漱平訳，曹雪芹原作，平凡社ライブラリー《紅樓夢》，東京都：株式会社平凡社，2002 年 10 月 21 日，冊九，頁 417。
〔註151〕伊藤漱平在島根大學擔任副教授之後。
〔註152〕伊藤漱平教授退官記念中国学論集刊行委員会，《伊藤漱平教授退官記念　中国学論集・伊藤漱平教授著訳論文略目録》，東京都：汲古書院，1986 年 3 月 31 日，頁 7～12。

回的關係；《紅樓夢》的抄本與評點者脂硯齋的研究。〔註153〕伊藤漱平在前後二十多年的研究成果中，有關脂硯齋研究方面的成績，最令紅學研究者矚目。

五、受日本學術界敬重

尾上兼英在《伊藤漱平教授退官記念　中国学論集・序》中寫到：「伊藤さんは二度の北海道大学勤務をされたのであるが、私はすれ違いのまま遥かに敬慕するばかりであつた。」〔註154〕他與伊藤漱平在北海道大學任教的時間正巧錯開，但對伊藤漱平卻有無限的敬重仰慕之情。

伊藤漱平在退休之前，受到日本學術界的敬重，各大學都紛紛邀請他到校講課。除了本務的「島根大學」、「大阪市立大學」、「北海道大學」（二回）、「東京大學」等學校的教學外。自昭和三十九年（西元1964年）以來，先後客座任教於日本各著名大學的專任或兼任教授，如：岡山大學（二回）、東京都立大學、東北大學、廣島大學（三回）、名古屋大學、九州大學、熊本大學、信州大學、京都大學等學校〔註155〕擔任短期集中授課的兼任教授。〔註156〕也應聘到お茶の水女子大学、早稲田大学、日本大学等學校，擔任兼任授課教授。〔註157〕

〔註153〕參自：王麗娜，《中國古典小説戲曲名著在國外》，上海：學林出版社，1988年8月，頁284。

〔註154〕參自：王麗娜，《中國古典小説戲曲名著在國外》，上海：學林出版社，1988年8月，頁3。

〔註155〕此種授課方式爲：「非常勤」的教授開設的「集中講義」，本書翻譯爲「短期集中授課的兼任教授」。

〔註156〕所謂「集中講義」是日本各地大學聘請外地專家，請他們將最拿手的課程在一周之內講完。這些外地的專家學者便是以「非常勤」的身份到這些著名大學講授，如此，不管哪裡的學生都可以聽到這些一流的教授講授他們的最新研究成果。不但可以豐富他們的視野與學識，也能提高學習的興趣與能力。伊藤漱平在大學時代與身爲助教的時代，也常上這種集中講義課。參自：康保成，《日本的中國古典文學教學及其對我們的啓示》，中山大學學報論叢，1999年第一期，頁三一；伊藤漱平教授退官記念中国学論集刊行委員會，《伊藤漱平教授退官記念　中国学論集・伊藤漱平教授略年譜》，東京都：汲古書院，1986年3月31日，頁6。

〔註157〕參自：伊藤漱平教授退官記念中国学論集刊行委員會，《伊藤漱平教授退官記念　中国学論集・伊藤漱平教授略年譜》，東京都：汲古書院，1986年3月31日，頁6。

　　伊藤漱平具有紮實的學經歷，因此學術界中各種學會皆邀請他擔任重要職務，如：自昭和五十年（西元 1975 年）開始，擔任日本中國學會歷任的評議員、理事，昭和五十七年（西元 1982 年）後，再兼任此學會的專門委員。其他如擔任多任東大中哲文學會的理事長、會長、評議員；中國語學會理事；東方學會常任評議員、監事……。〔註 158〕伊藤漱平在日本中國文學術界的地位受到肯定，可由上述各角度觀察到。

　　《伊藤漱平教授退官記念　中国学論集》的後記中，負責編輯的學者寫道：

　　　共行して検討したのは、との範囲の方に寄稿をお願いするが、
　　　ということだった。学界における、教授の長く広い御活躍を考
　　　えると、声をかければ喜んで書こうといって下さる方が多いこ
　　　とが予想された、……最後に重ねて伊藤教授の今後いっそうの
　　　御健康と御文安を祈り、後進に対する変わらぬ御指導をお願い
　　　したい。〔註 159〕

當時開編輯會議，決定邀稿的對象時，認為伊藤漱平在學術界活躍的時間長且影響範圍廣，表示榮幸想投稿參與的人士必定眾多。因為他除了對長輩尊敬，對同輩和睦之外，對後進的指導與提攜更是不遺餘力。

　　伊藤漱平在日本學術界的地位，也可由他為許多人的書寫序跋、為多位學術界的前輩編輯紀念論文集可知。他見廣識多、學識淵博，在學術界有舉足輕重的地位，因此才會受託寫序、編叢書。在他的作品集《児戲生涯—— 一読書人の七十年》中便收集了數十篇序跋，也收集了他為師長朋友所寫的弔辭十數篇，因此可以瞭解他在學術界受尊重且交遊廣闊。

六、其　他

　　伊藤漱平的其他作品分為四類：一是他所翻譯的其他小說；二為他對近現代中國文學家與其作品的研究；三為中國小說史，尤以伊藤漱平研究範圍為主的明清及近現代小說史為主；四為其他小說研究。分別列述如下：

〔註 158〕參自：伊藤漱平教授退官記念中国学論集刊行委員会，《伊藤漱平教授退官記念　中国学論集・伊藤漱平教授略年譜》，東京都：汲古書院，1986 年 3 月31 日，頁 6。

〔註 159〕參自：伊藤漱平教授退官記念中国学論集刊行委員会，《伊藤漱平教授退官記念　中国学論集・あとがき》，東京都：汲古書院，1986 年 3 月 31 日，頁 1108〜1109。

（一）其他小說翻譯

除了《紅樓夢》譯本之外，伊藤漱平尙翻譯多部中國小說。如昭和三十三年（西元 1958 年），與千田九一、駒田信二共譯的《今古奇觀上、下》，此書爲平凡社出版的《中國古典文學全集》第十八、十九集。

在中國，嬌紅故事是一個流傳在民間的故事，相傳在北宋宣和年間眞有其事，故事是說到落魄書生申純（申生）與表妹王嬌娘的淒美戀愛故事。故事中有令人動容的愛情、有優美感人的詩詞作品，而故事反映出的眞實社會與人情世態，是一篇以反抗婚姻不自由爲主題的作品。而後歷經了元、明、清幾代，文人的不斷將這個故事改編成小說、戲劇、傳奇，影響了元明二代的文言小說。可見在中國小說史上嬌紅故事的重要性，但在清代影響減弱後，始終不受研究者注意。除了在一九三十年代，鄭振鐸在其所編的《世界文庫》〔註 160〕中收入了《嬌紅記》並做了校勘外，一直到近年，才逐漸有研究者開始做更詳細的研究。〔註 161〕

與中國相比，《嬌紅記》在日本較受到喜愛與注意。昭和三十六年（西元 1961 年），伊藤漱平應當時岡山大學林秀一教授〔註 162〕之邀，繼老師增田涉之後，到岡山大學教授小說史的集中課程。當時林秀一讓伊藤漱平看了他珍藏的明朝刊本《嬌紅記》，〔註 163〕這是伊藤漱平第一次接觸這一本小說，也是他翻譯與研究《嬌紅記》的契機。回家之後，查了增田涉翻譯，魯迅著的《中國小說史略》，但書中並沒有提及《嬌紅記》，多方查找之後，才在鄭振鐸主編的《世界文庫》中找到《嬌紅記》〔註 164〕的相關資料。數年後伊藤漱平將

〔註 160〕 鄭振鐸（1898～1958）現代作家、文學評論家、文學史家、考古學家。五四時間的重要文人，《世界文庫》是 1929 年前後其在生活書店擔任主編的作品。

〔註 161〕 參自：市成直子，〈試論《嬌紅記》在中國小說史上的地位〉，復旦學報（社會科學版），1995 年四期，頁 87～88。餘慧菊，〈論《嬌紅記》故事的文體嬗變〉，武漢大學藝術學系季刊《珞珈藝林》，2004 年 5 月

〔註 162〕 林秀一生於明治三十五年（西元 1902 年）卒於昭和五十五年（西元 1979 年），專研《論語》、《孝經》《戰國策》，是日本著名的中國經學、哲學家，別名爲林淡風。參自：日外アソシエーツ編集部，《中国文学専門家事典》，東京都：日外アソシエーツ株式会社，1980 年 10 月 8 日，頁 213。

〔註 163〕 伊藤漱平在文章中寫道，林秀一一生研究《孝經》、《論語》，人稱爲道學先生、哲學家。卻也涉獵像《嬌紅記》這類的才子佳人愛情故事。令他覺得很意外。參自：伊藤漱平，《児戯生涯── 一読書人の七十年》，東京都：汲古書院，1994 年 10 月，頁 161～162。

〔註 164〕 「帰宅するなり、増田先生の御指導を仰いで、にわか勉強ながらこの小説

它譯成日文。〔註165〕自大學畢業論文以來，便以清代小說與《紅樓夢》爲自己研究主軸的伊藤漱平，也因此將研究的範圍擴展至明代小說。〔註166〕

　　林秀一所藏之《嬌紅記》的版本，〔註167〕與《世界文庫》中的版本，有時間先後之差。因此除了將《嬌紅記》譯爲日文之外，在日譯本所附之〈解說〉一文，伊藤漱平他考證了《嬌紅記》的作者與成書時間。他認爲《嬌紅記》的作者爲宋梅洞；宋梅洞名遠，爲宋末元初人。作品的時代則因爲明李昌祺《剪燈餘話》〈賈雲華還魂記〉，寫元末至正年間的事；而故事中人物已引及《嬌紅記》，故伊藤漱平認爲《嬌紅記》出現的時代，應不至於遲至元末。另外也在東方學會會刊上發表了與《嬌紅記》相關的論文，〈Formation of the Chinao-hung chi Its Change and Dissemination（『嬌紅記』の成立とその演変及び流伝）〉〈《嬌紅記》之成立與其演變流傳〉。〔註168〕伊藤漱平將《嬌紅記》翻譯爲日文，並率先完成研究《嬌紅記》所必須做的基礎工夫，如作者、時代背景、作品的成立與演變及流傳。爲其後想更深入研究《嬌紅記》的研究者，打下了穩固的基礎。

　　伊藤漱平翻譯徐懷中所著的，中國現代長篇愛情小說，《われら愛情の種をまく》《我們播種愛情》，〔註169〕此書爲平凡社所出版的《中國現代文學選集》

のことをしらべはじめた。まず小説史では古典的名著とされ、增田先生苦心の邦訳もある魯迅の『中国小説史略』を当ってみたけれども、なんの言及もない。あれこれ漁っているうち、鄭振鐸主編で民国二十五年に出た『世界文庫』という一種の叢書に、小説『嬌紅記』が劉兌の戯曲と共に校訂されて收められていることがわかり。」參自：伊藤漱平，《児戲生涯——一読書人の七十年》，東京都：汲古書院，1994 年 10 月，頁 159～162。

〔註165〕宋梅洞著，伊藤漱平譯之《嬌紅記》，列於平凡社所出版的《中國文學大系》第三十八集。

〔註166〕伊藤漱平因自己翻譯了《紅樓夢》與《嬌紅記》兩部小說，且擁有此兩部小說各一套珍貴的藏本，故將自己的書齋取名爲《兩紅軒》，可見他對這兩部小說的重視。

〔註167〕其學生大木康在《研精覃思縝密通達》一文中介紹說：「《紅樓夢》程甲本，及作爲《嬌紅記》翻譯底本的明宗文書堂鄭雲竹刊《新鐫校正評釋申王奇遘擁爐嬌紅記》這兩部書，都是伊藤先生自己所藏的。先生的藏書很豐富，這兩部是先生特別珍藏的。他的齋號「兩紅軒」也由此而來。」孫玉明，〈伊藤漱平的紅學成就〉，紅樓夢學刊，2005 年第一輯，頁 263。

〔註168〕發表於昭和五十二年 3 月（西元 1977 年），東方學會會刊第三十二期。

〔註169〕伊藤漱平訳，中國現代文學選集《われら愛情の種をまく》，東京都：株式會社平凡社，1963 年 7 月 5 日。

第十三集。這是伊藤漱平除了中國古典、白話小說之外，唯一的現代小說翻譯作品。徐懷中是中國著名的軍旅作家，〔註170〕他的早期作品《我們播種愛情》，內容描寫解放軍進入西藏的故事。小說中對於西藏高原在那段時間，人們生活與思想的驚人變化，有著深刻的描寫，中國西藏的壯麗山川與風土民情鮮活的反映在作者筆下。此書在日文譯本出版前，已有英文的簡譯與全譯本及德文摘譯本問世。伊藤漱平在翻譯此書前，不改其嚴謹慎重的作風，除以原文為底本外，尚參考了英譯與德譯本。在譯本的最後，依例〔註171〕附有〈解說〉一文。〈解說〉的內容分析了文本、作者、作品背景、作品研究，儼然是一篇對《我們播種愛情》的綜合研究論文，為日本讀者作了明確的導讀。雖然伊藤漱平在〈解說〉一文中提及，對作者徐懷中並不十分了解，英譯本開頭對作者的解說，是他所得到唯一的資料，但他還是提出了對作者的一些看法：

> 「徐懷中以當時二十八歲的年紀，創作出《我們播種愛情》，如此的文學能力如何培養？創作的能力如何精進累積？伊藤漱平並沒有資料可以瞭解；但由書的扉頁看到「解放軍文藝叢書編集部」，可知徐懷中隸屬於這個編集部。伊藤漱平認為，徐懷中這個長篇小說的創作到完成，應曾得到此編集部若干的建議與指導。伊藤漱平在翻譯這個作品之後，對徐懷中的另外三個短篇作品也有接觸。徐懷中之後以解放軍的業餘作家，從事創作活動。（これによれば、徐氏は当年三十四歳、『愛情の種をまく』を公刊したのが二十八歳のときのことになる。（脱稿は前年の四月。）その文学的教養はどのようにして培われたものか、また創作にたずさわるようになってさらにどのような修業を積んだものか、よくわからぬ。青年出版社本の扉には「解放軍文芸叢書編集部」と見えるところから、あるいは右の編集部に属するひとが、この長編の成立に当って若干の助言指導をしたとも考えられる。徐氏はその後、作家協会の機関誌『人民文学』に三つほどの短編を発表しているが、これについてはのちに改めて触れることとしよう。現在も引き続き解放軍のうちにあって、「業余作家」の形

〔註170〕徐懷中的著名作品有：《地上的長虹》、《我們播種愛情》、《西線軼事》；劇作《無情的情人》。

〔註171〕伊藤漱平的譯作，皆會在書末附上〈解說〉一文，如：《紅樓夢》《嬌紅記》……。

で創作活動に従っているのではないかと想像されるが、たしか
でない）。〔註172〕

但可能因為資料不足，因此沒有更進一步的機會，去瞭解徐懷中這位作家。

　　雖然對作者沒有進一步的研究，但伊藤漱平卻極仔細的分析了作品的背景如：作品發生的場景西藏；當時解放軍接收西藏的歷史背景與政治情勢；西藏的人文風土。在〈解說〉一文中，可以了解到伊藤漱平參考了極多的相關書籍資料，亦可知伊藤漱平翻譯這本書時，是以小說本身來著手，實際投入書中所描寫的那傳奇神秘的氣氛中。伊藤漱平給予這本書很正面的評價，認為書中對西藏的風光描寫，將傳說中的國度，不可思議的魔力氣氛表達無遺。小說的情節在不加雕琢自然的情況下進行，只除了所用的四川方言語彙與句法，使小說對話有幾分不協調的遺憾。伊藤漱平在〈解說〉的最後提及，徐懷中的作品並不多，在《我們播種愛情》之後只有數篇短篇小說問世，但短篇小說畢竟礙於形式，徐懷中的能力無法發揮。〔註173〕他以一位讀者的身份，期待徐懷中有更優秀的長篇小說創作作品問世。〔註174〕

（二）研究近代中國文學家

　　伊藤漱平對近代中國文學家的研究，雖可以獨立於《紅樓夢》來看，但其實也與他研究《紅樓夢》的過程有密切的關係。胡適、王國維、俞平伯，都是中國近代重要的紅學家。尤其俞平伯是伊藤漱平日譯本《紅樓夢》底本的校定者，而對於王國維的研究，起緣於伊藤漱平於西元一九六三年，完成王國維的《紅樓夢評論》譯本。〔註175〕當伊藤漱平接觸這些中國紅學家的研究論文與作品時，也開始涉獵這些學者的生平背景，因此這些研究論文，可以說是他翻譯與研究《紅樓夢》時的副產品：

　　　　〈胡適と古典──旧小説　特に『紅楼夢』の場合を中心とした覚書（上、
　　　　中、下）〉

　　　　〈王国維と兪平伯の一面（覚書）──「皇帝」との距離、その他──〉

〔註172〕伊藤漱平訳，中国現代文学選集《われら愛情の種をまく》，東京都：株式会
　　　　社平凡社，1963 年 7 月 5 日，頁 438。

〔註173〕參自：伊藤漱平訳，中国現代文学選集《われら愛情の種をまく》，東京都：
　　　　株式会社平凡社，1963 年 7 月 5 日，頁 439～444。

〔註174〕伊藤漱平〈解說〉一文在 1963 年 5 月寫成，徐懷中之後尚完成代表作長篇的
　　　　小說《西線軼事》。

〔註175〕此譯本由平凡社出版，作為《中國現代文學選集》第十三冊。

〈王国維の『紅楼夢評論』と雑誌『教育世界』について（上、中、下）〉

〈兪平伯〉〔註176〕

另以魯迅的研究爲例，可以由〈M 先生を媒介とした L 先生との因縁——魯迅と私〉這一篇文章中了解到，伊藤漱平研究魯迅的媒介 M 先生，就是伊藤漱平的老師增田渉，伊藤漱平因爲編寫《魯迅‧增田渉師弟問答集》一書，而開始研究魯迅，相關作品如下：

〈M 先生を媒介とした L 先生との因縁——魯迅と私〉

〈『世界文庫』覚書——鄭振鐸と魯迅〉

『魯迅‧增田渉師弟問答集』編集〔註177〕

日本研究魯迅，是由青木正兒早在大正時期便開始，之後陸續有翻譯、評介等作品與論文出現。尤其是西元一九三〇年代，日本對魯迅的研究與介紹，形成日本文壇的一股新趨勢。增田渉在西元一九三一年到中國十個月，他仰慕魯迅，所以在這段時間追隨魯迅並提出許多問題，認眞好學的態度得到魯迅的欣賞。因此在這十個月中，他有幸直接聆聽魯迅講解其《朝花夕拾》、《中國小說史略》、《吶喊》等書。增田渉在中國滯留期間，以一個外國學生沒有偏見的角度，寫成了《魯迅傳》一書，回到日本之後繼續寫作《魯迅的印象》一書；翻譯了魯迅的《吶喊》、《徬徨》等書，並與魯迅保持通信聯繫。〔註178〕伊藤漱平便是透過其師增田渉，開始接觸魯迅，與中島利郎共同爲其師編集了書信集：《魯迅‧增田渉師弟問答集》。這一本書信集，主要是增田渉翻譯《中國小說史略》和魯迅文章時，詢問魯迅不明白之處而得到的回信。〔註179〕由研究小說的伊藤漱平來編集，可說是恰如其分。

〔註176〕伊藤漱平教授退官記念中国学論集刊行委員会，《伊藤漱平教授退官記念　中国学論集‧伊藤漱平教授著訳論文略目録》，東京都：汲古書院，1986 年 3 月 31 日，頁 7～12。

〔註177〕伊藤漱平教授退官記念中国学論集刊行委員会，《伊藤漱平教授退官記念　中国学論集‧伊藤漱平教授著訳論文略目録》，東京都：汲古書院，1986 年 3 月 31 日，頁 7～12。

〔註178〕丸山升，〈日本的魯迅研究〉，魯迅研究月刊，2000 年，11 月，頁 52～53。

〔註179〕伊藤漱平教授退官記念中国学論集刊行委員会，《伊藤漱平教授退官記念　中国学論集‧伊藤漱平教授著訳論文略目録》，東京都：汲古書院，1986 年 3 月 31 日，頁 62。

（三）研究中國小說史與其他小說

　　由於伊藤漱平專研中國小說，尤其是明清小說與《紅樓夢》，因此他參與了以下四套書的編集，並且負責其中的近代小說或《紅樓夢》介紹的篇章：

　　　　『中国の古典文学──作品選読』編集

　　　　『近百年来中国文芸思想研究文献目録稿』編集

　　　　『中国文芸思想論叢』編集

　　　　『中国の八大小説──近世小説の世界──』編集〔註180〕

伊藤漱平對其他小說的研究，亦大多以明清兩代的作品為研究中心。如以李漁的小說《無聲戲》為主的幾篇論文：

　　　　〈李漁の小説『無声戯』の版本について──足本『連城璧』と四巻本
　　　　『無声戯』を中心に──〉

　　　　〈李漁の小説の版本とその流伝──『無声戯』を中心として──〉
　　　　〔註181〕

　　　　〈李笠翁の像画（上）〉〔註182〕

　　　　〈李笠翁の像画（下）〉〔註183〕

李漁的作品很早就傳播到海外，日本文學家青木正兒，在其《支那戲曲史》中說：「李漁之作，以平易易於入俗，故十種曲之書，遍行坊間，即流入日本者亦多。德川時代之人，苟言及中國戲曲，無不立舉湖上笠翁者。」而其白話短篇小說在日本也很受歡迎，在中國被視為禁書的李漁作品，被翻譯為日譯本，一版再版，廣為流傳且有多種改造作品問世。〔註184〕因此，李漁作品的相關研究，在日本也有多位研究者投入。伊藤漱平的老師長沢規矩也，發

〔註180〕此書伊藤漱平擔任「近世小説の文学・語言とその時代」、「近世小説の研究
　　　　と資料」、「『紅楼夢』の研究と資料」的撰寫執筆。伊藤漱平教授退官記念中
　　　　国学論集刊行委員会，《伊藤漱平教授退官記念　中国学論集・伊藤漱平教授
　　　　著訳論文略目録》，東京都：汲古書院，1986年3月31日，頁9。

〔註181〕伊藤漱平教授退官記念中国学論集刊行委員会，《伊藤漱平教授退官記念　中
　　　　国学論集・伊藤漱平教授著訳論文略目録》，東京都：汲古書院，1986 年 3
　　　　月 31 日，頁 7～12。

〔註182〕伊藤漱平，〈李笠翁の像画（上）〉，汲古，1988 年 12 月。

〔註183〕伊藤漱平，〈李笠翁の像画（下）〉，汲古，1990 年 6 月。

〔註184〕參自：羽離子，〈李漁作品在海外的傳翻及海外的有關研究〉，四川大學學報
　　　　（哲學社會科學版），2001 年第三期，頁 69～70。

現了僞齋主人作序的李漁小說集《無聲戲》（即《連城璧》），由汲古書院出版的《連城璧》一書，便由伊藤漱平撰寫〈解題〉一文。伊藤漱平更用擅長的版本考證研究法，針對《無聲戲》的足本《連城璧》，與其四卷本《無聲戲》的版本做更深入的研究。比較李漁與曹雪芹兩人，在作品表現方法之悲喜劇的差異。成功的將自己對《紅樓夢》的研究成果，延伸到其他作品。並且對作者李漁也有一番見解，伊藤漱平譽李漁爲中國的沙翁，他搜集日本流傳的各種李漁作品版本，與譯本上的李漁肖像畫，再由版本、畫風、時代……，來考證李漁肖像畫與李漁其人其作品，這也是他研究李漁作品的另一項收穫。

綜觀伊藤漱平的各種研究成果，可以看出他的研究範圍，不脫元明清等朝代的近代文言，及白話小說。而《紅樓夢》、《嬌紅記》、《金瓶梅》及李漁的作品也多是以才子佳人、男女情愛爲主體的小說，對上述作品研究的成果與貢獻，至今在日本學術界，尚無人能出其右。

第三章 《紅樓夢》在日本

　　中國與日本兩國的交流，最遠可以追溯到沒有歷史記載的史前時代。兩國的文字、語言、歷史、文化……，都有極深的淵源。文化的交流從周秦時便開始，〔註1〕在唐時達到高潮，當時經由雙方派遣使者與留學生相互交流，因此中國的儒學與唐朝的典章制度都對日本產生深遠的影響。中國小說的傳入始於日本江戶時代，翻譯成日文後受到日本讀者歡迎，此後小說傳入日本，翻譯或改譯的情況便不曾停止。《紅樓夢》在日本的流傳歷史，記錄最完整詳細者是伊藤漱平的〈紅樓夢研究日本語文獻資料目錄〉、〈紅樓夢在日本的流傳〉等文。這幾篇文章整理出《紅樓夢》在日本的流傳始末，成為之後學者的主要參考資料。

　　整理《紅樓夢》在世界流傳翻譯史，胡文彬的研究成果最完整。他在多篇論文中，發表了《紅樓夢》在世界各國的流傳翻譯情況，更集結為《紅樓夢在國外》一書。本章第一節，依據伊藤漱平、胡文彬等學者所做的研究，歸納統整《紅樓夢》在日本流傳與翻譯的歷程，並從各種書目與出版資料，探討《紅樓夢》對日本文壇與文學創作所造成的影響。第二節則探討伊藤漱平翻譯《紅樓夢》時，版本的選擇，並分析他翻譯的動機與心態，以及伊藤漱平版《紅樓夢》的重要性。

〔註1〕 據史書記載，周末漢初文化輸入到日本。戰國時期倭人與中國的東北、古燕國已有往來。那時主要是通過朝鮮半島這個天然橋樑與中國相往來。參自：胡文彬，《紅樓夢在國外》，北京市：中華書局，1993 年 11 月，頁 1。

第一節　《紅樓夢》在日本之流傳與翻譯

一、傳入日本

　　《紅樓夢》是於何時、何地傳入日本，目前尚在探究中。但依伊藤漱平的考證，目前所見最早的記錄，是日本長崎專門從事對華貿易的村上家，所藏之私人文書中的記載。《紅樓夢》於清乾隆五十八年（日本寬政五年、西元一七九三年），自浙江乍浦港流傳到鄰近的日本，這也是《紅樓夢》流傳至國外最早的記錄。在當時的出納帳目上，第六十一種是《紅樓夢》九部十八套。清嘉慶八年（日本享和三年、西元 1803 年），又運了兩部四套《繡像紅樓夢》到日本，由此可知《紅樓夢》在中國刊行不久後，日本讀者便可以讀到這一部書。

　　《紅樓夢》傳入日本後，引起日本文人學者的注意與愛好。當時的文人時常在隨筆、尺牘中，提到閱讀《紅樓夢》的情況與心得。如西元一八二九年日本的著名詞人，田能村竹田，在他的《屠赤瑣瑣錄》中，寫及當時《紅樓夢》記載中國特有的「川堂、影壁」這兩種建築構造。〔註 2〕西元一八三六年在瀧澤馬琴的尺牘裡，也可看到數則記錄，寫的是向友人借閱《紅樓夢》一書之事：

> 近期，我忽要讀《紅樓夢》，便到四方書店購買。不巧，均已售空。
> 無奈，只好借你珍藏的《紅樓夢》暫讀，實為抱歉。二函都寄來更
> 好，一函一函地借閱亦可。眼下正值暑假，很想借機一讀，望在六
> 月中旬，您方便的時候寄來為好。多有叨擾，致歉。〔註3〕

> 先謝謝！珍藏的《紅樓夢》四函於前天（十九日）午後寄來，現已
> 完全收到。我急不可待的開卷拜讀，發現有的裝幀開裂，書套亦有
> 破損。不過尚不甚嚴重，敬請放心。打擾您的工作，非常抱歉。言
> 猶未盡，不勝感謝之至！〔註4〕

由以上兩則尺牘內容可知，當時日本的原文《紅樓夢》數量不多，購買並不容易。讀者費盡苦心互相郵寄傳閱，閱讀的過程生怕書籍有所破損，可見當時文人對《紅樓夢》相當喜愛。自西元一七九三年，《紅樓夢》傳入日本，至西元一八三六年，瀧澤馬琴於隨筆中，寫及閱讀與借閱《紅樓夢》諸事，前

〔註 2〕　伊藤漱平，〈日本における『紅樓夢』の流行──幕末から現代までの書誌的
　　　　素描──〉，《中国文学の比較文学の研究》，1986 年 3 月 31 日，頁 456。
〔註 3〕　參自：胡文彬，《紅樓夢在國外》，北京市：中華書局，1993 年 11 月，頁 6。
〔註 4〕　參自：同註 3，頁 6～7。

後數十年間相關資料雖少，但依然可以借此瞭解，當時《紅樓夢》在文人間的流傳方式多以傳閱、借閱爲主，若能購得一套《紅樓夢》便珍重細藏起來。在文人的記載中尚可看到，由於《紅樓夢》受到喜愛，當時的日本外國語言學校，一反以中國南京官話爲中心的教育方針，轉而對北京官話加以注重，並以《紅樓夢》爲教材，〔註5〕摘譯本與節譯本也順勢逐漸增加。

二、日譯本產生

由於當時在日本，《紅樓夢》的數量少，只能利用傳閱方式流傳，且內容是原文，有能力閱讀的日本讀者不多，譯本便在這種需求中產生。日本、韓國在文字變革前，兩國的漢學家都能直接讀寫漢字，能直接閱讀中文版《紅樓夢》，不需要翻譯。因此與《紅樓夢》最早傳入日本相比，日文翻譯本的產生，要比其他非漢字文化圈的國家的翻譯本來得遲滯。在《紅樓夢》傳入日本後將近一百年，〔註6〕才由森槐南在《城南評論》，發表了《紅樓夢》第一回楔子，〔註7〕內容是從回目到「滿紙荒唐言」爲止的翻譯片段。此文雖僅佔第一回的四分之一，卻是《紅樓夢》版本史上第一個日譯片段。自此之後，摘譯本、節譯本、全譯本也陸續完成。摘譯本指，譯者挑出少量內容進行翻譯。節譯本爲，翻譯大部份內容，但刪去了一些情節；或大量刪去詩詞；有的將原內容自行進行了編輯，但基本對《紅樓夢》整個故事情節有所交待。某些研究者，將少於或只譯了前八十回的譯本也列爲全譯本，本文則將全譯本定義爲一百二十回全譯者爲「全譯本」。本節依摘譯、節譯、全譯，分類討論各種《紅樓夢》日譯本。

（一）摘譯本

日譯本最初皆爲摘譯本，除上述森槐南所譯之第一回外、島崎藤村所摘譯之第二十一回末尾。〔註8〕摘譯本雖內容不多，但卻確實引起了讀者的注意。森槐南所譯的段落，正是讀者欲瞭解《紅樓夢》此書最重要的部份：第

〔註5〕　參自：胡文彬，《紅樓夢在國外》，北京市：中華書局，1993 年 11 月，頁 9。

〔註6〕　西元 1793 年傳入，西元 1892 年有第一本由森槐南翻譯之節譯本，前後歷時九十九年。

〔註7〕　此文發表於西元 1982 年，《城南評論》第二號，頁 68～772。參自：同註5，頁 9。

〔註8〕　發表於，《女學雜誌》第三二一號。

一回〈甄士隱夢幻識通靈　賈雨村風塵懷閨秀〉，所翻譯的部份為回目、作者自云開始、石頭與一僧一道之對話，至「滿紙荒唐言，一把辛酸淚。」一詩為止。第一回中所傳達之作者創作意圖、未來一百二十回的伏筆、小說的重要人物「通靈石」、「僧人」、「空空道人」出場，森槐南想藉此摘譯本介紹《紅樓夢》這本書的原意不難理解。

島崎藤村所翻譯的片段，為第十二回〈王熙鳳毒設相思局　賈天祥正照風月鑑〉之末尾，賈瑞照風月寶鑑至喪生的情節，島崎藤村題名為《紅樓夢的一節風月寶鑑辭》。島崎藤村選擇賈瑞正照風月寶鑑此段來翻譯的原意，雖沒有資料可以瞭解，但卻與長期受到日本讀者歡迎的《剪燈新話》、三言、二拍等作品，有同樣的特色，為諷喻警世的故事型態，《紅樓夢》全書中，最接近上述幾本小說的部份，就只有第十二回，這應該就是島崎藤村選擇此段摘譯的原意。

之後有長井金風摘譯第四十五回〈金蘭契互剖金蘭語　風雨夕悶制風雨詞〉；〔註9〕宮崎來城摘譯之第六回〈賈寶玉初試雲雨情　劉姥姥一進榮國府〉；〔註10〕大高巖〔註11〕所譯之〈黛玉葬花〉。永井荷風〔註12〕摘譯第四十五回黛玉所作之〈秋窗風雨夕〉一詩。〔註13〕野崎駿平與志村良治合譯摘自第六十五回與六十六回的〈尤三姐〉。大高巖於西元一九五七年與西元一九五八年，陸續摘譯了第四回香菱的故事，〈薄命女偏逢薄命郎　葫蘆僧亂判葫蘆案〉；第二十三回〈西廂記妙詞通戲語　牡丹亭豔曲警芳心〉；第二十七回〈滴翠亭楊妃戲彩蝶　瀟湘館春困發幽情〉，寶釵撲蝶與黛玉春睏等情節；第三十四回〈情中情因情感妹妹　錯裡錯以錯勸哥哥〉，晴雯送帕、黛玉題帕三絕句；第四十五回〈金蘭契互剖金蘭語　風雨夕悶製風雨詞〉。〔註14〕綜觀上述各摘

〔註9〕　此文發表於西元1903年，東京日本文章學院刊行之《文章講義》第十八號。參自：宋隆發，《紅樓夢研究文獻目錄》，臺北市：臺灣學生書局，1982年6月，頁349。

〔註10〕發表於西元1904年，早稻田文學教育科講義發行之《支那戲曲小說文鈔釋》一書中。參自：同註9，頁350。

〔註11〕大高巖，生於明治三十八年（西元1905年），其對中國文學，特別是《紅樓夢》一書發生了濃厚興趣。自1930年開始發表《紅樓夢》研究文章，其研究文章與專著多與《紅樓夢》相關，是日本早期一位標準的紅迷學者。參自：胡文彬，《紅樓夢在國外》，北京市：中華書局，1993年11月，頁13～15。

〔註12〕永井荷風，生於東京，曾在外國語學校學習。他的創作開創了日本的唯美派文學，作品充滿了享樂主義的色彩。

〔註13〕收入永井荷風所著之《吟草》一書（西元1946年）。參自：同註9，頁350。

〔註14〕以上回目參自：曹雪芹原著、俞平伯校訂，《紅樓夢八十回校本》，香港：中

譯本，〔註 15〕譯者挑選之回目皆是人物描寫精釆與重要的情節，如劉姥姥一進榮國府，是由一位鄉下貧農眼中，看到精緻豪華的賈府的情節；黛玉葬花、寶釵撲蝶等則是著名的情節；而香菱與尤三姐這幾段是可以獨立閱讀且精釆的情節。

　　受到最多譯者喜好，翻譯次數最多的是第四十五回〈金蘭契互剖金蘭語　風雨夕悶制風雨詞〉，甚至有譯者只挑此回中黛玉的〈秋窗風雨夕〉一詩著手翻譯，與〈葬花詞〉相同，這首詩如歌似曲，讀起來順暢易懂。脂評說道這種體裁的詩詞爲「香奩體」，也就是貴族千金寫的體裁。蔡義江曾在一次演說中提及：

> 你看林黛玉的《葬花詞》、《秋窗風雨夕》、《桃花行》，這些歌行採用的全是"初唐體"，唐代初期的詩。比如說《秋窗風雨夕》，就是做《春江花月夜》這個格調，所以《秋窗風雨夕》、《春江花月夜》對得非常工整，就是模倣這個格調來寫。……但在整個唐詩裏，它不是最高雅、最上乘的作品。"初唐體"是什麼？"初唐體"就是初唐時期的流行歌曲，是最通俗的，最流行的那些歌，寫出來的句子都是比較淺易的、能看懂的，但是很流暢的；主題都是用共同性的，別離相思、傷春悲秋、青春老大，這些大家都能理解的、一般性的這種內容，並沒有深刻的社會內容，更加不去做政治諷刺。因爲《紅樓夢》裏面的這些公子、這些小姐，本來就是如此。〔註 16〕

曹雪芹用最合適林黛玉的初唐體來創作〈秋窗風雨夕〉。這種通俗流暢，以傷春悲秋、少女情懷爲主題的歌行，讓黛玉隨口呢噥吟唱的畫面，鮮明呈現在讀者眼前。讀這〈秋窗風雨夕〉的讀者，絕不會將此詩錯認是出自寶釵或湘雲之口。這便是曹雪芹創作最令人稱道的地方，他讓小說的人物自己做詩、填詞，而不是曹雪芹這位作者在創作詩詞。日本的文人們喜好第四十五回這首詩的原因，應該也不脫離上述各種理由。

（二）節譯本

　　幾次摘譯本，引起日本讀者對《紅樓夢》的注意與興趣，進入大正時期

　　　　　華書局香港分局，1975 年，1 月，冊一，目錄頁 1〜4。

〔註 15〕收於《文科紀要》第十期（西元 1962 年）。參自：同註 9，頁 350。

〔註 16〕蔡義江，〈詩人曹雪芹〉，央視國際，2004 年 12 月 28 日 09：48。此參考資料爲中國中央電視台，視聽資料之演講全文。

（西元 1912～1926 年）後，因應讀者需求，節譯本陸續出現。節譯本的數量，以前八十回節譯本最多，也最具影響力。如：幸田露伴、平岡龍城合譯之《國譯紅樓夢》，〔註 17〕之所以稱爲「國譯」，是因爲這本譯本收在「国訳漢文大成」。這是最早的八十回節譯本，〔註18〕也是日本劃時代的《紅樓夢》譯本。具有現代翻譯方式的譯本。〔註 19〕此譯本以有正本《紅樓夢》爲底本，採取中日對照的方式，日譯漢字附上日本發音的部份很多，最適合初讀《紅樓夢》且想學習中文的讀者，對想讀原文的人也很有幫助，又因爲此譯本在漢字旁附上讀音，故此書也適合年紀較小的讀者。

　　也有另一種節譯方式，是用摘要方式將一百二十回節譯爲篇幅較短的版本，較爲艱澀的詩文則刪除不翻。如：石原巖徹譯之《新編・紅樓夢》：此版本將一百二十回的《紅樓夢》節譯爲一冊，是想讓現代日本人也能簡單閱讀的編譯方式。基本上以賈寶玉與林黛玉所發生的事情爲中心，是理所當然且流暢的編排方式，但書中連智能兒、萬兒、多姑娘等角色都登場了，詩社的情節卻幾乎沒出現，編譯者如此安排，筆者認爲，詩社的情節刪去情有可原，因爲詩社的情節並不會影響整個故事情節發展，且有許多詩詞必須編譯。而智能兒、多姑娘等角色，卻是情節發展所必須出場的人物。刪去詩社情節，希望譯本能更容易閱讀。許多針對兒童或學生的中文《紅樓夢》改寫本，內容多簡單的以寶黛二人的故事中心，詩社、行酒令等較不易懂與艱深的部份，通常也會刪去。

　　以上幾本節譯本，皆因應讀者的需求而調整翻譯方式，在這兩本節譯本之後，出現的多是文學全集中的一冊，在因應篇幅需求的情況下出現的節譯本。如：富士正晴與武部利男合譯前八十回，後四十回附上梗概，收入《彩色版世界文學全集》（カラー版世界文學全集）的《紅樓夢》。〔註 20〕松枝茂

〔註17〕西元 1920 年～1922 年，由東京國民文庫刊行會出版。

〔註18〕因爲當時的底本有正本只有前八十回，因此有許多翻譯史將此書列入日譯本的第一本全譯本。本書則以回數爲基準，故將此譯本列爲節譯本。

〔註19〕二十世紀二十年代出版，幸田露伴日譯本，是前八十回的全譯註譯本，眞正意味的學術翻譯，對後來翻譯影響不少。松枝茂夫本和伊藤漱平本等日本全譯本，表現出日本紅學研究的代表成果，在世界《紅樓夢》翻譯史上影響非凡。參自：崔溶澈，〈《紅樓夢》翻譯本及其翻譯方法〉，國立嘉義大學中國文學系所編，〈第二屆中國小說戲曲國際研討會論文集〉，嘉義縣：國立嘉義大學中國文學系所編，2005 年 4 月 9～10 日，頁 16。

〔註20〕西元 1968 年，東京河出書房新社出版。

夫所譯，列入世界文學全集〔註21〕的《紅樓夢》，也因篇幅的緣故割愛了幾個
事件與人物，只針對譯者覺得重要的部份翻譯。

（三）全譯本

　　第一本《紅樓夢》日文全譯本，是松枝茂夫於昭和十五年～二十六年（西
元 1940～1950 年），由岩波書局陸續出版的十四冊，一百二十回《紅樓夢》。

　　　　松枝茂夫氏である。……岩波書店から「岩波文庫」の一種として

　　　　昭和十五年に第一分冊を刊行、戦争激化のため一時中断したが、

　　　　戦後の二十六年に至ってようやく全十四冊が完結を見た。〔註22〕

此譯本於昭和十五年刊行第一冊，刊行至第三冊時，因為戰爭開始且因是「軟
派小說」的緣故，被列為禁書，〔註23〕故出版一時中斷。直至戰後昭和二十
六年（西元 1951 年），終於全十四冊刊行完畢。這是松枝茂夫的《紅樓夢》
譯本第一次出版，所使用的底本前八十回為有正本，也就是《國初鈔本原本
紅樓夢》，後四十回則以程乙本為底本。此譯本對日本與韓國的紅學界影響很
大，不但影響了之後的日譯本，也影響了數個韓國譯本，如金龍濟本、李周
洪本、禹玄民本，〔註24〕這些譯本皆用松枝茂夫本為底本，再重譯（轉譯）
為韓文。

　　此譯本曾改譯一次，昭和四十七年（西元 1972 年）時刊行第一冊，至昭
和六十年（西元 1980 年）全書改譯刊行完成。

　　　　先年また全面的な改訳に着手、十回分を収める第一冊が四十七年

　　　　に刊行され、六十年七月、十四年振りに全十二冊の最終分冊が見

　　　　事に完成を告げた。……今回のものは俞平伯校訂『八十回校本』

　　　　に拠って訳出された。〔註25〕

〔註21〕西元 1967 年，講談社出版。

〔註22〕參自：伊藤漱平，〈日本における『紅楼夢』の流行——幕末から現代までの
　　　　書誌的素描——〉，《中国文学の比較文学の研究》，1986 年 3 月 31 日，頁 481。

〔註23〕參自：遲公緒，〈松枝茂夫談《紅樓夢》〉，紅樓夢研究集刊，1980 年第四輯，
　　　　頁 101。

〔註24〕韓國光復（西元 1945 年）以後，到了九十年代以前，出現了不少《紅樓
　　　　夢》翻譯本，如金龍濟本、李周洪本、金相一本、吳榮錫本、禹玄民本、金河中
　　　　本等，其本上都是重譯本，大部分以日譯本為底本。參自：崔溶澈，〈《紅樓
　　　　夢》翻譯本及其翻譯方法〉，國立嘉義大學中國文學系所第二屆中國小說戲曲
　　　　國際研討會，2005 年 4 月 9～10 日，頁 8。

〔註25〕參自：伊藤漱平，〈日本における『紅楼夢』の流行——幕末から現代までの

此版本，歷時十四年才完成，每冊十回，共分十二冊。最特殊的是本次雖名為改譯，但松枝茂夫所根據之前八十回底本有所改變，改以俞平伯校定的《紅樓夢八十回校本》為底本。在此之前，松枝茂夫已將此校本交給學生伊藤漱平，讓他譯出第一次的全譯本，並完成了兩次改譯，隨後松枝茂夫才根據此校本進行改譯。在前後兩次岩波文庫的全譯本之間，西元一九六一年，松枝茂夫尚為平凡社的世界名作全集；〔註 26〕西元一九七六年，講談社的世界文學全集，出版了兩次摘擇本。

伊藤漱平的全譯本，與其師松枝茂夫可說是一脈相承，翻譯的方式近似。然而，另一套由飯塚朗〔註 27〕完成的全譯本，風格則完全不同。飯塚朗是日本著名的翻譯家，他譯介了：《剪燈新話》、《剪燈余話》、《閱微草堂筆記》、《紅樓夢》等中國古典小說。及近現代作品，如：五四前後的小說，巴金的作品、張恨水的小說《啼笑姻緣》，其中最有特色的便是《紅樓夢》。飯塚朗以人民文學出版社出版的《紅樓夢》為底本，〔註 28〕於昭和二十三年（西元 1948 年）開始，在大阪「國際新聞」報上連續刊載兒童話本《私版‧紅樓夢》譯本。〔註 29〕後於昭和五十五年（西元 1980 年），由集英社另行出版同名全譯本《私版‧紅樓夢》。《紅樓夢》的翻譯，在日本以供給成人閱讀的譯本為主，並沒有以孩童為對象的譯本或相關書籍。這也是《紅樓夢》在日本無法如《水滸傳》、《三國演義》、《西遊記》等作品，讓大眾喜愛熟悉的原因之一，飯塚朗的兒童話本版《紅樓夢》，是第一個考慮到兒童讀者的《紅樓夢》翻譯作品。

此譯本的產生，被學界稱為是個奇蹟。飯塚朗以七十高齡，只用了兩年半的時間完成全三冊，一百二十回譯本《紅樓夢》。是數十年間，日本三種一百二十回全譯本中，翻譯時間最短的一種。〔註 30〕此書是重新編寫過後的全譯本，因此飯塚朗在這本書出版時，將它命名為《私版紅樓夢》，正意謂此書與一般譯本不同之意。

書誌的素描──〉，《中国文学の比較文学の研究》，1986 年 3 月 31 日，頁 481。

〔註 26〕 西元 1961 年出版。

〔註 27〕 飯塚朗，生於西元 1907 年，卒於西元 1989 年。橫濱市人，譯介了大量的中國小說，並創作了為數不少的詩歌、戲曲、雜文及小說。參自：屈小玲，〈日本漢學家飯塚朗記略〉，紅樓夢學刊，1993 年第三輯，頁 248。

〔註 28〕 人民文學出版社所校訂之一百二十回《紅樓夢》是以程乙本為底本。

〔註 29〕 此兒童話本《私版‧紅樓夢》於西元 1981 年出版。

〔註 30〕 參自：屈小玲，〈日本漢學家飯塚朗記略〉，紅樓夢學刊，1993 年第三輯，頁 245。

第二節　《紅樓夢》對日本文學的影響

　　自日本江戶時代開始，大量的中國通俗小說傳入日本，也使日本文學由詩歌時代轉入小說創作時代。〔註31〕德川家康在江戶建立幕府，開啓了長達兩百多年，由士族主導的政治時期，稱爲江戶時代。當時除了對外實行鎖國政策外，〔註32〕尙實施賤民制度。因此社會階級不平等、貧富差距日益擴大，各種法令束縛，使老百姓受到精神上的壓抑，也使社會瀰漫著頹廢的潮流，讓人們渴望獵奇的刺激。因此《剪燈新話》、三言、二拍、李漁的作品〔註33〕、《西遊記》等，這類情節曲折離奇、有通俗愛情與煙粉奇情的文學，自然受到當時文人廣泛的喜好。江戶時代禁武禁戰，也令武士道精神受到抑制，武士階層對英雄的俠義、戰爭時策士的謀略，都極爲神往，因此符合武士道忠、義精神的《三國志演義》、《水滸傳》也大受歡迎。

　　《紅樓夢》傳入日本後，雖未如《剪燈新話》、三言、二拍等書般受到喜愛，甚或造成影響，但也確實在日本文人間造成流行，如著名的學者：滝澤馬琴、大河內輝、依田朝宗、森歐外、二葉亭四迷、狩野直喜、倉石武四郎、吉川幸次郎等人〔註34〕的收藏書目中，都收有《紅樓夢》。

一、引起紅學研究風氣

　　《紅樓夢》的傳入日本時間晚，內容也與其他小說不同；有繁雜的人物關係、瑣碎的家庭雜事。每一章回緊扣相關，與《剪燈新話》、三言、二拍等篇幅短的故事不同，因此最初摘譯本所摘選的部份，皆如：「賈天祥正照風月寶鑑」、林黛玉題「秋窗風雨夕」詩等，較符合日本讀者閱讀習慣的篇章。對

〔註31〕參自：胡文彬，《紅樓夢在國外》，北京市：中華書局，1993 年 11 月，頁 3。

〔註32〕雖然江戶時代日本實施鎖國政策，然而基於貿易需要，中日兩國通商往來仍是頻繁密切。輸入日本的各種貨物中，當然包含中國的書籍。參自：黑島千代，《聊齋志異與日本近代短篇小說的比較研究》，中國文化大學中研所碩士論文，1989 年 1 月 16 日，頁 16。

〔註33〕李漁的作品如《連城璧》、《風箏誤》、《十二樓》、《無聲戲》、《肉圃團》等作品，雖然在中國列爲禁書，但在日本卻早在西元一七〇五年便有日譯本，且受到讀者歡迎。參自：羽離子，〈李漁作品在海外的傳翻及海外的有關研究〉，四川大學學報（哲學社會科學版），2001 年第三期，頁 70。

〔註34〕參自：伊藤漱平，〈日本における『紅樓夢』の流行──幕末から現代までの書誌的素描──〉，《中国文学の比較文学の研究》，1986 年 3 月 31 日，頁 459～484。

　　《紅樓夢》本身的研究，雖未如《剪燈新話》般來得全面深入，但日本的紅學研究有其獨具的特色，也有相當可觀的成果。

　　日本學者對《紅樓夢》研究的重視，比對同時期傳入日本的其他明清小說，如《聊齋志異》〔註35〕等來得多。在此之前，日本學界對漢學的研究多集中於儒學、樸學……，又因爲《紅樓夢》早期在日本被當成學習北京話的教材，因此當時的《紅樓夢》研究，多偏重於合適日本學者研究的語言學等各種考證。日本的紅學界有一個特色，那便是索隱派在日本從來沒有產生過影響。因爲索隱派不是以科學爲推理基礎，而是以民族主義的情感爲基礎，因此日本學者便不受此影響，自然的發展出以語言文字與考證研究爲主流的紅學。

　　在翻譯的過程中，譯者自然會注意到各種與翻譯相關的問題，這也是日本《紅樓夢》翻譯者特有的情況。與鄰近的韓國相比，雖然世界第一本外文譯本《紅樓夢》在韓國，且近、現代韓國的譯本數量也多，但韓國具學術性的翻譯本較少，韓國的翻譯者也鮮少成爲紅學家。因爲韓國的翻譯者對原文的底本、版本特徵及正文的註解，〔註36〕皆不如日本譯者注重。以伊藤漱平的譯本爲例，在書中附上小解說、小序；對作者、題名、版本等問題深入的研究與評論；每卷末的注釋，動輒數萬字。日本譯者也常在序中，寫到自己對《紅樓夢》的喜愛。如森槐南便在他譯文前的序文中寫道「《紅樓夢》是天地間一大奇書，古今東西最好書。我自己酷愛此書，友人曾嘲我是"紅迷"」。〔註37〕每個章回的注釋，也是譯者發表研究成果的地方，因此日文版譯者，多爲紅學家：滝澤馬琴、飯塚朗、松枝茂夫、伊藤漱平等人，都是紅學界舉足輕重的學者。

　　胡文彬認爲，日本紅學家對《紅樓夢》的研究有兩項特點：「起步早，研究面寬」。日本學者起步早，在紅學研究上較早取得成就，因此研究的進展也較平衡。這些特色也使日本研究者的研究成果，有別於其他國家的研究者。研究面擴及主題思想、人物描寫、藝術結構、語言文字、版本流傳、資料考據等方面。〔註38〕由於日本學者的研究風格不同，日本紅學又有「重視資料

〔註35〕　《紅樓夢》傳入日本之時間爲一七九三年，爲江戶中期，與《聊齋志異》傳
　　　　　入時間相近。
〔註36〕　參自：崔溶澈，〈紅樓夢在韓國的影響及研究〉，中國文哲研究的回顧與展望
　　　　　論文集，1992年5月3日，頁23～24。
〔註37〕　參自：胡文彬，《紅樓夢在國外》，北京市：中華書局，1993年11月，頁11。
〔註38〕　參自：王麗娜，《中國古典小說戲曲名著在國外》，上海：學林出版社，1988

搜集和研究」、「重視考據，文風樸實」這兩種特色，因此他們非常注意有關
資料與工具書的編纂，如：太田辰夫編著之《紅樓夢語滙詞典》、宮田一郎與
香坂順一合編之《紅樓夢語滙索引》、緒方一男編有《紅樓夢詞語滙釋》、伊
藤漱平所編之《紅樓夢研究日本語文獻資料目錄》及《日本紅樓夢研究小史》
等。這些工具書對《紅樓夢》的研究發展有其裨益之處，也可說是日本紅學
界特有的研究成果。

　　日本紅學界的研究中，從比較文學的角度，探討《紅樓夢》與日本文學
的關係，也日漸受到研究者重視。這是近年來較新的方向，尤其是《紅樓夢》
與《源氏物語》的比較研究。《源氏物語》是日本優秀的長篇古典小說，在日
本文學發展史上的地位，就如同《紅樓夢》在中國一樣，是小說創作的重要
作品。這兩部小說，有許多相似之處，因此，中日兩國的比較文學、紅學、《源
氏物語》三個領域的學者都因為兩部巨著具有主題相比性，〔註 39〕而更深入
對兩部作品在社會、倫理、人性……，等題材進行比較研究。伊藤漱平也曾
用西方（美國）比較文學的研究方法發表論文，專研《紅樓夢》與《源氏物
語》兩者的關係，也曾用法國較狹義的比較文學定義，來界定《紅樓夢》對
日本《南總里見八犬傳》的影響。〔註40〕

二、文學創作受《紅樓夢》影響

　　《三國志演義》、《水滸傳》、《西遊記》、《剪燈新話》、李漁的作品，三言、
二拍、……，因受到江戶日本讀者歡迎，大量的翻譯本因而產生。江戶時代，
〔註 41〕正適逢日本小說創作的萌芽期。創作最早的型式皆由模仿開始，因此
受日本國人喜愛的中國通俗小說，對日本江戶時代的文學有深遠的影響。這
些小說的情節被創作者大量改寫成當時流行的作品。《剪燈新話》與三言、二

年 8 月，頁 283。

〔註39〕 參自：雨虹，〈《紅樓夢》與外國文學作品研究綜述〉，紅樓夢學刊，1992 年第
　　　　三輯，頁 311～316。

〔註40〕 參見：伊藤漱平，〈曲亭馬琴と曹雪芹と──和漢の二大小説家を對比して論
　　　　ず──〉，二松，1994 年 3 月 31 日，頁 4。

〔註41〕 江戶時代：「德川家康が関ヶ原の戰い（西元 1600 年）に勝利して、征夷大
　　　　将軍に任ぜられ江戶に幕府を開いた 1603 年から德川慶喜が大政奉還した
　　　　1867 年までの二六五年間，德川時代，近世、幕藩體制時代。」參自：大辭
　　　　林　第二版，三省堂出版 goo 辭書。江戶時代是由西元 1600 年開始至 1867
　　　　年止。德川家康關原之戰後到德川慶喜還政為止，屬於德川幕府時期。

拍故事中的動人愛情故事，被改寫爲《牡丹燈籠》；〔註42〕李漁的劇作與小說也被改寫爲《千里柳塘偃月初》與《飛驒匠物語》；〔註43〕《水滸傳》《三國演義》節義忠勇的英雄故事，更直接被改寫爲《本朝水滸傳》、《忠臣水滸傳》，〔註44〕並影響到滝澤馬琴《南總里見八犬傳》等書的創作。

接下來的大正、昭和時代文學與明治時期漢文小說創作，則受到與《紅樓夢》同時期傳入日本的《聊齋志異》深遠的影響。江戶末期菊池三溪的稗官小說、大正時代的芥川龍之介、明治時代的尾崎紅葉、石川鴻齋，〔註45〕昭和時代的太宰治。這些日本文學家都受到《聊齋志異》怪異的趣味，充滿人性與浪漫的特色所影響，進而在創作中模仿其特質。〔註46〕與《聊齋志異》、《水滸傳》等相比，《紅樓夢》傳入日本將近兩百餘年來，只出現了以下兩種受到《紅樓夢》影響的文學創作：早期的詠紅詩、近期的仿紅小說。依作品出現的時代先後，依次列示如下：

森槐南的詠紅詩，據胡文彬的資料搜集可得數首，今錄日本最早的兩首詠紅詩〈讀紅樓夢·詠尤二姐〉與〈紅樓夢·黛玉泣殘紅〉。此兩首詩可說是最早受到《紅樓夢》影響而產生的創作：

蘭摧絮敗亦前因，鸞鏡羞窺已瘦身。

蝴蝶魂迷微雨暮，桃花影落夕陽津。

埋香仙壙愁猶在，療妒春羹夢豈眞。

哀矣紅顏歸幻境，太虛還賺有情人。（〈讀紅樓夢·詠尤二姐〉）〔註47〕

欲向蒼天訴素胸，杜鵑啼血暮雲重。

〔註42〕淺井了意所著之《伽婢子》中的〈牡丹燈籠〉便是他改編自明代瞿佑《剪燈新話》中的〈牡丹燈記〉。〈牡丹燈記〉也被上田秋成改編爲《雨月物語》中一篇〈吉備津之釜〉。參自：〈妖怪百物語——江戶怪談事作簿〉。

〔註43〕參自：羽離子，〈李漁作品在海外的傳翻及海外的有關研究〉，四川大學學報（哲學社會科學版），2001年第三期，頁70。

〔註44〕《本朝水滸傳》作者爲建部綾足。《忠臣水滸傳》作者山東京傳。參自：胡文彬，《紅樓夢在國外》，北京市：中華書局，1993年11月，頁3。

〔註45〕其作品《夜窗鬼話》。

〔註46〕日本近代小說家如：尾崎紅葉、芥川龍之介、太宰治等人的作品，都有受到《聊齋志異》影響的痕跡。參自：黑島千代，《聊齋志異與日本近代短篇小說的比較研究》，中國文化大學中研所碩士論文，1989年1月16日，頁10～23。

〔註47〕此詩載於明治十一年（西元1878年）6月十九日，花月社出版的《花月新志》。詩末有橋本蓉塘的詩評：「太虛幻境四字，傳中大關鍵之語，析用靈活」。參自：胡文彬，《魂牽夢縈紅樓情》，北京市：中國書店，2000年1月，頁235。

綠楊枝脆空江雨，香塚魂迷蕭寺鐘。

流水無聲非恨淺，落花如影太情鍾。

阿誰和淚低回久，不獨傷心是個儂。（〈紅樓夢・黛玉泣殘紅〉）〔註48〕

此兩首七律皆署名「槐南小史」。胡文彬判斷「從詩的內容上看，作者所寫的詩似乎不該只有這兩首，寫作的時間應在一八七八年之前，倘有機會查到《槐南集》或槐南年譜，可能會有新的發現。」〔註49〕由詩的歌詠對象及主題看來，這些詩似是作者閱讀《紅樓夢》時，所寫下的感想或心得。作者應不只詠尤二姐、林黛玉，可能尚有與其他重要角色相關的詩作，但目前尚未找齊相關資料，因此無法確定此說。除了詩，森槐南尚有數闋詞作，《題紅樓夢後》〔註50〕、《賀新涼》〔註51〕……收於其作品集《槐南集》中，都是傑出的作品。

伊藤漱平也在他六十歲自東京大學退休之時，做了一首《華甲有感》詩，表達他四十年來「治紅」的感想，胡文彬也將此詩列入詠紅詩之一：

求紅索綠費精神，夢幻怳迎華甲春。

未解曹公虛實意，有甚樓閣假歟真？（〈華甲有感〉）〔註52〕

滝澤馬琴（曲亭馬琴）的作品《南総里見八犬伝》，非常明顯曾受到《水滸傳》、《三國演義》的影響。《南総里見八犬伝》是一部全九集四十八卷，共一百八十回的大長篇，其份量幾乎凌駕《紅樓夢》。內容描寫南總地方里見家再興的故事，滝澤馬琴年輕時便喜歡閱讀中國的白話小說，對《平妖傳》還做了評論。滝澤馬琴對中國小說的空想、幻想及規模龐大的虛構特性特別偏好，〔註53〕因此白

〔註48〕此詩載於明治十一年（西元1878年）7月13日，花月社出版的《花月新志》。詩末有詩評：「柳北雲：乃翁衣鉢，不敢傳他人，敬敬服服。」參自：胡文彬，《魂牽夢縈紅樓情》，北京市：中國書店，2000年1月，頁235。

〔註49〕胡文彬，《魂牽夢縈紅樓情》，北京市：中國書店，2000年1月，頁235。

〔註50〕題《題紅樓夢後》為七律四首，發表於明治十二年6月（西元1879年），《新詩文別集》十號。參自：伊藤漱平，〈日本における『紅樓夢』の流行——幕末から現代までの書誌的素描——〉，《中国文学の比較文学の研究》，1986年3月31日，頁470。

〔註51〕錄於胡文彬，《魂牽夢縈紅樓情》，北京市：中國書店，2000年1月，頁236～237。

〔註52〕胡文彬，《紅樓夢在國外》，北京市：中華書局，1993年11月，頁22。

〔註53〕「『南総里見八犬伝』と題する全九集四十八卷、百八十回の大長篇であって、分量において殆ど『紅樓夢』を凌ぐ。…この長篇は、江戸に近い南総地方の大名である里見家の再興を描いたもので、……馬琴は、若いときから『水滸伝』『三国演義』など中国白話小説を好んで読み、のちには『平妖伝』の穿った批評までものしている。」同註50，頁457～458。

話小說正好給了滝澤馬琴適度的養份與啓發。

　　據伊藤漱平的研究，滝澤馬琴這部《南総里見八犬伝》中，八犬士誕生的構思眾人周知，是來自《水滸傳》中，受到封印的天罡星與地煞星，因洪水而四散，再以一百零八條好漢轉世這個情節所得到的提示。但伊藤漱平認為，其實《紅樓夢》的原名《石頭記》是與《水滸傳》相對而言；金陵十二釵正冊、副冊、又副冊共三十六人的說法，與天罡三十六星宿相同，只是轉生為女子。〔註54〕

　　《紅樓夢》中，三十六名金釵，等於天罡三十六星宿。此說在紅學界並未被多數人認同，伊藤漱平此說亦只見於此篇論文。在漢語中，九除了表現數量之外，還有多之意，因此出現三十六、一百零八、七十二等數字，都旨在表達數量眾多，滝澤馬琴受到中國通俗小說極大的影響，自然也會在創作小說時有相同的構思設定，因此伊藤漱平此說尚需經過考定。伊藤漱平另一個論點，八犬士的犬士姓名與其各自持有的靈玉，恐怕與《紅樓夢》的賈寶玉，出生時口含通靈寶玉有著密不可分的關係。因伊藤漱平在此論文中說明：他只能從滝澤馬琴的藏書中，找到滝澤馬琴曾擁有「《紅樓夢》四帙、二十四卷」，無法直接證得滝澤馬琴的創作受到《紅樓夢》的影響。故此說，應再多收集相關資料為佐證始能確定。

　　雖然無法證明滝澤馬琴《南総里見八犬伝》的創作過程，是否曾受到《紅樓夢》的影響。但滝澤馬琴於天保十一年（西元1840年）時，在出版預告目錄表明，馬琴構思了一部新作《宿世結弥生雛草》，據專研滝澤馬琴的細川晴子〔註55〕推測，從此書的時間〔註56〕與書名分析，此書應是受到《紅樓夢》

〔註54〕「ところで上に紹介した『八犬伝』の八犬士誕生の趣向は、周知のごとく『水滸伝』の発端に借りたものであって、封じこめられていた天罡星・地煞星が、『遇洪而開』、洪信のせいで四散し、百八人に好漢、義士に転生するくだりにヒントを得ている。実は『紅楼夢』の場合も、原名の『石頭記』が『水滸伝』と対句仕立てになっており、金陵十二釵上中下三十六人の設定もまた天罡星三十六星宿を女人に転じたものであるが、『八犬伝』の八犬士が文字のある靈玉を所持ます趣向は、恐らく『紅楼夢』の賈宝玉が通靈宝玉を口に含んで生まれたことから着想したものであろう。」参自：伊藤漱平，〈日本における『紅楼夢』の流行――幕末から現代までの書誌的素描――〉，《中国文学の比較文学の研究》，1986年3月31日，頁458～459。

〔註55〕細川晴子曾發表《馬琴と紅楼夢について》一文，於《学習院大学国語国文学会誌》，1972年1月刊行。

〔註56〕據細川晴子的研究，滝澤馬琴於天保七年（西元1836年）曾向友人借得《紅

中，神瑛侍者與絳珠仙草轉世情緣的故事所影響，計畫寫作的作品。此書雖只見預告，並未出版，〔註 57〕但推測卻頗為詳實，此書的寫作計畫應與瀧澤馬琴受到《紅樓夢》影響有關。

　　明治時期的小說家島崎藤村，他翻譯了《紅樓夢的一節——風月寶鑑辭》。其親密友人北村透谷〔註58〕讀了這一段翻譯後，於翌年寫了翻改〔註59〕小說《宿魂鏡》，〔註60〕此小說的內容大要為：

> 一位名叫山名芳三的青年，到東京遊學。芳三與寄居之男爵家的小姐弓子墜入情網，但不幸受到阻撓，落寞回鄉，這時弓子贈其一面古鏡。回到家鄉的芳三無法忘懷弓子，將思念寄託於古鏡，鎮日鏡不離身而致精神錯亂。某日壁上顯現骷髏怪物，但又變為弓子的身影，此時芳三精神錯亂至極而死。家人發現芳三遺體的同時，也接到弓子死於結核病消息的電報。芳三與弓子兩人死後終能結合。〔註61〕

小說中：跛足道人贈予賈瑞的風月寶鑑，與弓子贈予芳三的鏡子；王熙鳳與骷髏怪物為一體兩面，壁上的骷髏即是弓子的身影等處，皆有異曲同工之妙。賈瑞單相思鳳姐，而弓子、芳三情投意合，此為相異點。北村透谷的《宿魂鏡》雖翻改於《紅樓夢》，卻創造出全新的小說情節與新魅力。與前述瀧澤馬琴的例子相比，北村透谷的創作過程，確實受到《紅樓夢》極大的影響。這是日本第一個成功翻改《紅樓夢》的作品，雖然篇幅短、架構簡單，與韓國著名的《紅樓夢》翻改作品《九雲記》的巨大架構〔註 62〕無法相比，但其擷

　　樓夢》一套，三年後才歸還，撰寫新的小說。因此在此三年間已細讀《紅樓夢》。參自：伊藤漱平，〈《紅樓夢》在日本的流傳——江戶幕府末年至現代〉，紅樓夢研究集刊，1989 年 10 月，頁 454。

〔註57〕 參自：同註 54，頁 460；頁 454。

〔註58〕 北村透谷，名為門太郎、生於西元 1868 年，卒於西元 1894 年，著有《透谷全集》三卷。參自：伊藤漱平，〈日本における『紅樓夢』の流行——幕末から現代までの書誌的素描——〉，《中国文学の比較文学の研究》，1986 年 3 月 31 日，頁 472。

〔註59〕 本書依李樹果於《日本讀本小說與明清小說——中日文化交流史的透視》中所用之「翻改小說」一詞「所謂翻改，是介於翻譯、改編和模仿創作的一種文藝方法。它不完全等同於我們通常所說的改編，為了體現這種方法的特色，作為一個獨特的文學概念，姑且用"翻改"這個詞」。天津人民出版社，1998 年 6 月，頁 2。

〔註60〕 發表於明治二十六年 1 月（西元 1893 年），《国民の友》第一七八號。

〔註61〕 參自：同註 58，頁 472。

〔註62〕 韓國的《紅樓夢》翻改小說《九雲記》，用漢文寫成，共三十五回，內容約十

取的段落與故事情節，可以看出明治時期的日本文人與讀者的閱讀喜好，依
舊與江戶時期近似。

　　昭和時期另有一位受到《紅樓夢》影響的著名文學家，永井荷風，〔註63〕
在其代表作長篇小說《濹東綺譚》中，借主人公之口，引用〈秋窗風雨夕〉
的前六句：

　　　　晚秋時分，自己總是想起《紅樓夢》中的〈秋窗風雨夕〉這首詩，
　　　　雖然知道自己能力有限，卻還是希望能出色地翻譯出來。〔註64〕
由於永井荷風在《濹東綺譚》中介紹此詩，使得更多日本讀者知道《紅樓夢》
這部作品。他還有另一個作品，是一首名為〈芍藥花和桌上的紅樓夢〉，〔註65〕
不知創作日期的俳句，這首俳句讓人聯想到史湘雲醉臥在芍藥花叢中的情景。
〔註66〕這應該也是受到《紅樓夢》影響而創作出的作品。

　　近年來，日本有幾部具有鮮明特色，與《紅樓夢》相關的小說：

　　　　首先為，矢野光治於西元一九九六年，由駿河台出版社所出版的：《中
　　　　國愛情故事──司棋與又安》一書。此書是針對中國語教學用的語言
　　　　用書，適合已完成中國語初級課程的進階學習者（チャイナラブスト
　　　　ーリー「司棋と又安」，矢野光治編，駿河台出版社「中国語の学習
　　　　テキスト。前書きに「この本は中国語の入門・初級段階を修了した
　　　　人たちを対象にした読物です」と書かれています。秦司棋と潘又安
　　　　の悲恋の物語がイラストと共に綴られています。）〔註67〕
本書擷取《紅樓夢》中秦司棋與潘又安，在抄檢大觀園前後所發生的悲戀故
事。書中除了語言學習文章外尚插綴了插圖，以《紅樓夢》故事編寫，特殊
卻很實用的語言相關書籍。

八萬二千字，小說中的用詞與描寫手法運用了《紅樓夢》與《鏡花緣》的寫
作技巧。參自：崔溶澈，〈紅樓夢在韓國的影響及研究〉，中國文哲研究的回
顧與展望論文集，1992 年 5 月 3 日，頁 8。

〔註63〕永井荷風，名壯吉，生於西元 1879 年，卒於西元 1959 年，著有《荷風全集》
　　　　全二十九卷。是大正・昭和代表的文學家。參自：伊藤漱平，〈日本における
　　　　『紅楼夢』の流行──幕末から現代までの書誌的素描──〉，《中国文学の
　　　　比較文学の研究》，1986 年 3 月 31 日，頁 482。

〔註64〕伊藤漱平，〈日本における『紅楼夢』の流行──幕末から現代までの書誌的
　　　　素描──〉，《中国文学の比較文学の研究》，1986 年 3 月 31 日，頁 482。

〔註65〕原名〈芍藥やつくゑの上の紅楼夢〉

〔註66〕同註 64。

〔註67〕紅楼夢関連グッズホームページ，《司棋與又安》條。

其次是西元二○○一年，日本第一本受到《紅樓夢》影響的創作產生。此作品於《每日新聞》連載，〔註68〕後於西元二○○四年，由講談社文庫重新出版，〔註69〕藤水名子所著之《風月夢夢　秘曲紅樓夢》：

> 藤水名子將情節設定爲：在春天的江南，以成爲作家爲己志的沒落貴族才子，曹霑，與花街謎般的美女相識，並與美女在夢中幻境聽紅樓十二秘曲。而後，陰錯陽差成爲反清復明社團的成員，尋找南宋所埋的黃金時被追到蘇州的冒險故事爲主軸。此書將曹霑的現實生活，與《紅樓夢》的世界並行結合，透視中國文學史上最高的傑作誕生背後的仙境，是一部絕妙的中國幻想之作。(中国文学の最高傑作はこうして生まれた時は清代、江南の春。没落貴族で作家志望の才子・曹霑（そうてん）は、紅灯の巷で謎の美女に関わったばかりに、この出会いが夢では幻境に飛び紅楼の十二の秘曲を聞き、物語とすることを頼まれ、さらには打倒清を目指す秘密結社に拾われしかし現実は蘇州を追われる羽目となるきっかけだった。やがて明（みん）朝復興のため、南宋の埋蔵金を探す秘密結社に拾われて思いがけぬ冒険行に導かれるが……。曹霑と『紅楼夢』世界の二つの物語が平行して語られて行きます。中国文学史上最高の傑作誕生の背後に仙境を観る、絶妙のチャイニーズ・ファンタジー。)〔註70〕

〔註68〕日本で初めての紅楼夢を題材にした小説。かつてサンデー毎日で連載されていた「風月夢夢——私の紅楼夢」の単行本化。曹雪芹が巻き込まれる事件と紅楼夢のエピソードが交錯する形で物語が進んでいきます。紅楼夢関連グッズ《風月夢夢——秘曲紅樓夢》條。
〔註69〕講談社ホームページ。
〔註70〕其餘書評與介紹爲：『紅楼夢』の方は当然、恋愛物ですが、曹霑の方は冒険活劇というか藤水名子さんらしい武侠小説といえます。この視点の移り変わりに最初は混乱を起こしました。途中で慣れましたけど。でもこの戸惑いも狙った効果であったようにも思います。『紅楼夢』の話はちゃんと読んだことはないので、この点も面白かったです。けど、やはり楽しいには曹霑のパート。やはり恋愛より冒険活劇の方が好きなんです。泣いてばかりの女性より、凛々しい女性の方が好きだし……。お気に入りは女賞金稼の紅玉です。かっこいいよ～。彼女を主役で物語にして欲しいくらいですわ。参自：日本 Amazon 書店ホームページ：yahoo 書店書評。

此作品以明清爲背景，具有浪漫風格與創造力，在讀者之間有著極佳的評價。

第三本創作作品爲，西元二○○四年，由文藝春秋出版社所出版的《紅楼夢の殺人》一書，是最新受到《紅樓夢》影響的創作。作者芦辺拓是一位推理小說家。

絶世の貴公子と少女たちが遊ぶ理想郷で、謎の詩句に導かれるように起こる連続殺人の眞相とは?中国四大奇書のひとつ「紅楼夢」を背景に、栄華から没落へ向かう大邸宅で繰り広げられる奇怪な殺人絵卷。〔註71〕

作者發揮想像與創造力，以賈寶玉與眾姐妹的理想國「大觀園」爲主要舞台，發生了一起連環殺人事件，用謎樣的詩句導引出詭異的連續殺人眞相。本書以《紅樓夢》爲題材，小說中的人物與背景設定皆與《紅樓夢》相同，作者延續原著的精神，書中活用《紅樓夢》著名的場景，大部份的人物均在小說中出場。芦辺拓在小說中，對清代的風俗習慣有詳細描寫，對詩詞與評論也能掌控，文字簡單易懂，使本書具有很高的文學價值。書評家佳多山大地於《文藝春秋》認爲，這是一本具豐富故事性的「異本紅樓夢」。〔註72〕但此書因過於執著於原典的架構與人物，使小說架構過於複雜龐大、出場人物過多，導致原有的內容受牽制而無法發揮。本書依然可說是芦辺拓的代表作，此書於西元二○○四年出版，已讓讀者對《紅樓夢》產生興趣，成爲日本讀者閱讀《紅樓夢》前的入門書。

綜觀《紅樓夢》在日本的流傳與發展，可以發現《紅樓夢》的翻譯者與研究者，翻譯時並未注意到讀者的接受度。學者們的確是傾盡學力翻譯與研究，所譯出的作品內容文雅嚴謹，具有很高的文學價值，卻失去了一般的讀者群。小說應是是各種地位、各種身份、各種階級、各種年齡人手一本，若是不識字的民眾，也可自戲曲、說書等方式來接觸小說的精采情節與生動的人物。《三國演義》、《水滸傳》、《西遊記》、《聊齋誌異》等書，能在日本受到大眾的喜愛，閱讀譯本的讀者眾多，與這些小說相關的出版品有相當大的關係。以《聊齋誌異》爲例，日本的作家看中《聊齋》故事的構思奇妙，文采簡潔優美，陸續將其改寫成奇特的童話。如：芥川龍之介所著的〈仙人〉，便是由《聊齋誌異‧勞山道士》改編而成；寶生犀星所著之〈蟋蟀的故事〉則

〔註71〕 參自：文藝春秋出版社ホームページ。

〔註72〕 同註71。

是由《聊齋誌異・促織》改寫而成。〔註 73〕童書、漫畫、卡通、甚至電玩等出版品，都讓這些小說的精采情節深植人心。當這些讀者群的閱讀能力足夠，或已引起讀者的興趣時，閱讀譯本甚至原典的讀者必定可以更為普及。《紅樓夢》在早期進入日本時，並無類似的流傳過程，譯本陸續出現，卻沒考慮到普羅大眾的需求。因此《紅樓夢》的情節與人物未受日本人重視，賈寶玉與林黛玉的形象知名度，遠不及諸葛亮、林沖、魯智深等人物形象那般深植日本讀者的心目中，這也是《紅樓夢》對日本文學影響不大的主要原因。

第三節　伊藤漱平翻譯《紅樓夢》之始末

一、翻譯《紅樓夢》之契機與成書

　　伊藤漱平於東京大學就讀時，畢業論文是以《紅樓夢》為題，當時松枝茂夫正巧任教於東京大學。雖然松枝茂夫沒有參與伊藤漱平的論文審查，但論文準備的過程中，伊藤漱平依舊受到松枝茂夫許多指導。之後，松枝茂夫擔任平凡社《中國古典文學全集》與《中國古典文學大系》的編輯委員，在計劃收錄《紅樓夢》時，松枝茂夫因故無法翻譯《紅樓夢》，於是指定他的學生，伊藤漱平代替他翻譯新譯本。雖然伊藤漱平戲言，這是因起用替角而起的因緣，才使他開始翻譯的生涯。他終其一生研究不輟，自身的努力，使他成為日本首屈一指的紅學家，想必也為了不負他的老師，松枝茂夫惜才愛才的關照。〔註 74〕

二、版本之選擇

　　《紅樓夢》的版本眾多，內容細微之處亦多有不同，對翻譯者而言，採用哪一個底本，是翻譯的首要課題。早期的譯本，選取底本時多趨於保守，如英國霍克思（David Hawkes）的英譯本、幸田露伴與平岡龍城合譯的《國譯本紅樓夢》、松枝茂夫的第一次全譯本等，皆是以當時最多譯者採用的版本：

〔註 73〕參自：吳錫德，《翻譯文學與文學翻譯》，臺北市：城邦文化事業股份有限公司，2002 年 2 月 5 日，頁 231～232。學術文章多用寶生犀生此譯名。日文原文為「室生犀生」。

〔註 74〕參自：伊藤漱平，〈二十一世紀紅學展望——一個外國學者論述《紅樓夢》的翻譯問題〉，紅樓夢學刊，1997 年增刊，頁 27。

清末有正書局石印出版，附有戚蓼生序的《原本紅樓夢》爲底本，此本又稱爲有正本。日本最早選擇有正本爲底本的譯者，是幸田露伴與平岡龍城，他們合譯的《國譯本紅樓夢》，前八十回便是依據此本。這個選擇在當時具有重要的意義，甚至左右了日本後來半數以上譯者對底本的決定。松枝茂夫所譯之全譯本也沿襲這個方針。〔註75〕之後，中國出版了幾個優良的校定本，如：俞平伯的《紅樓夢八十回校本》、歐陽建以程甲本爲底本的校定本、人民出版社以程乙本爲底本的校定本等。翻譯時序愈晚的譯者，便擁有更多的優勢。上述各種校定本出版後，譯者在底本的選擇上，便可更爲安心與多樣，甚至影響譯文的風格與內容。如：採用俞平伯校本的伊藤漱平，其譯本便傾向學術風格，而採用人民出版社校定本的飯塚朗，則有另一種風格。

　　俞平伯曾對有正本做以下的評論：「有正本雖是脂本的系統，自它流行以來，若沈若浮，始終不愜人望，這是有原故的。拿它跟通行的坊本比來，不見得好，或反而不如，至少也是各有短長。我們拿來做底本必須改字，而且要改得相當多，那就不能有個標準。」〔註76〕因此，日本譯者在沒有更好的校本時，多以有正本爲底本，此時尚須有其他底本做爲參照訂正之用。對外國的譯者而言，各種版本的取得原就較爲不便，自行校訂則更爲困難。因此當俞平伯的校訂本問世時，伊藤漱平便以此爲底本。〔註77〕因爲選擇了俞平伯校本，使得伊藤漱平的譯本與其他日譯本風格較不同，伊藤漱平原本便在版本學的研究上頗有成就，俞平伯校本中，對各版本嚴密的對照校，〔註78〕正合乎伊藤漱平的學術風格，使其譯文顯得繁重且華麗。

〔註75〕　參自：伊藤漱平，〈二十一世紀紅學展望——一個外國學者論述《紅樓夢》的翻譯問題〉，紅樓夢學刊，1997年增刊，頁24。

〔註76〕　曹雪芹原著、俞平伯校訂，《紅樓夢八十回校本》，香港：中華書局香港分局，1975年1月，冊一，序言，頁21。

〔註77〕　伊藤漱平選擇底本雖主要以俞平伯校訂，《紅樓夢八十回校本》爲主，但附屬之參考版本有部份變更與不同。此將於本書之五章〈四次譯本之比較〉中詳細敘述分析。

〔註78〕　俞平伯校訂的《紅樓夢八十回校本》以戚本爲底本，以脂庚本爲主要校本，而以其他各抄本參校之，不得已則參考刻本。校勘之本爲，清乾隆甲戌脂硯齋重評本十六回、乙卯冬月脂硯齋四閱評本四十回、庚辰秋脂硯齋評本八十回、甲辰夢覺主人序抄本八十回、鄭振鐸藏抄本兩回、乾隆辛亥程偉元活字本百二十回—甲、乾隆壬子程偉元第二次排本百二十回、有正書局石印戚蓼生序本八十回（此爲校勘用之底本）。參自：同註76，冊一，凡例，頁1～2。

三、翻譯《紅樓夢》的心態與困難

　　俄國翻譯《聊齋志異》的文學家，阿列克謝耶夫（Vasili Alexeev）在翻譯《聊齋志異》時曾說：「現在要回北京，渴望儘快開始工作，想望翻譯，包括翻譯《聊齋》……要是我能夠非常合適地用良好的文學語言傳達小說內容那就好了，現在應該打破我們俄國讀者對中國文學的概念，他們誤以爲中國文學只是一些奇怪的概念」。〔註79〕譯者最基本期望達到的境界，便是能用自己國家的語言，切實且合適的傳達小說的內容。打破讀者與異國小說間的隔閡，破除既定的成見，讓本國的讀者能不依賴原著、只憑著自己的譯本就能理解並喜愛原著。英譯《紅樓夢》的學者霍克思，完成《紅樓夢》全書的翻譯共耗時十五年，林以亮曾說霍克思是一位奇人，披閱增刪十五載，將曹雪芹的作品全部譯爲蟹形文字。〔註80〕伊藤漱平卻前後用了四十多年的時間，致力於《紅樓夢》的翻譯，稱爲奇人也不爲過。

　　伊藤漱平在〈西元一九九七年北京國際紅樓夢學術研討會開幕式上的致詞〉一文中，提及自己對《紅樓夢》翻譯工作的展望與期待：

> 回顧過去十八世紀末《紅樓夢》出版以來，世界上有些人便開始用外文寫了不少的介紹文章，還翻譯了很多節譯本、全譯本。因此，知道《紅樓夢》的書名及其作者曹雪芹的名字的人慢慢地增加了。比如說，在日本，這八十年間出版了四部全譯本〔註81〕與十幾部的節譯本，至於說翻譯水平是漸漸地提高了。
>
> 我想，到了新世紀，世界各國用各國語言著作的更好的翻譯本將會陸續問世。《紅樓夢》這本書，在世界文學之中一定能獲得確乎不動的評價和地位。……除了專家之外，無數外國人利用翻譯本也能理解它吧。〔註82〕

伊藤漱平第一次翻譯《紅樓夢》，是接替老師松枝茂夫的工作。因此他用三年多的時間，戰戰兢兢的全心全意集中進行翻譯，爲的是不負老師所託。之後

〔註79〕參自：李福清（Boris Riftin），〈《聊齋志異》在俄國—阿列克謝耶夫與《聊齋志異》的翻譯和研究〉，漢學研究通訊，2001 年 11 月，頁 29。

〔註80〕林以亮，《紅樓夢西遊記》，臺北市：聯經出版事業公司，1977 年 7 月，序，頁 2。

〔註81〕伊藤漱平所指的四部全譯本，包括由幸回露伴、平岡龍城合譯之《國譯紅樓夢》，本書並未將此譯本列爲全譯本。

〔註82〕伊藤漱平，〈九七北京國際紅樓夢學術研討會開幕式上的致詞〉，紅樓夢學刊，1997 年增刊，頁 11～12。

即使完成了第二次改譯，他還說道：「跨入二十一世紀，自己已是七十歲的人了，但自己很注意養生，不再進行一次周到的改譯是死也不能瞑目的。這就是執著吧！」〔註83〕伊藤漱平將翻譯《紅樓夢》當成一生志業，便是秉持著嚴謹而執著的心態在進行他的翻譯工作。

伊藤漱平的老師，松枝茂夫曾說過，他認為在翻譯《紅樓夢》的過程中，遇到兩方面的困難，一是對《紅樓夢》原著中的某些描寫，他有理解不準確的地方。他舉「妃」為例，他曾按照普通日語中的「妃」的意思來解釋元春的身份。後來被學生在課堂上問住了，趕緊再去查閱資料，才弄明白了，清朝皇帝的妻妾有八個等級，其中包括皇貴妃一人、貴妃二人、妃四人，「所以我想，《紅樓夢》中的「妃」，大體上相當於「貴妃」，這次的解說，也應補寫為貴妃才是。由此深感慚愧。」，又特別是《紅樓夢》中寫的食物和服裝，「是怎麼都搞不大明白的，食物的名稱是長長的一大串。服裝方面也很難懂。……在中國典籍中，那種描寫日常茶飯等事的文章很少，即使有也很難理解。」〔註84〕這些問題，應該所有外籍翻譯者都會遇到，因為對食物、服飾、普通人的日常生活、柴米油鹽等事，就是熟知清代的學者，也無法將這些事說得清楚。因此，譯者的中文學養累積是否足夠，足以影響到譯稿的優劣，而非只限於語文的駕馭能力。〔註85〕

四、伊藤譯本之流傳與重要性

伊藤譯本，在較具規模的書店都可以買得到。〔註86〕其餘版本如松枝茂夫版，日前，由於日本讀者的連署，岩波書店已再版松枝茂夫譯本《紅樓夢》，岩波書店尚有少數庫存，讀者可直接向出版社購得。但大型書店依然沒有陳

〔註83〕原譯文於：伊藤漱平，〈二十一世紀紅學展望——一個外國學者論述《紅樓夢》的翻譯問題〉，紅樓夢學刊，1997年增刊，頁28。

〔註84〕參自：遲公緒，〈松枝茂夫談《紅樓夢》〉，紅樓夢研究集刊，1980年第四輯，頁102～103。

〔註85〕伊藤漱平曾言，主要翻譯《國譯紅樓夢》的平岡龍城翻譯時，便以其漢學修養、與其因用了三年時間翻譯金聖嘆本《標注訓譯水滸傳》所累積的俗語知識，故順利譯成《國譯紅樓夢》。

〔註86〕平凡社ライブラリー「紅楼夢」全十二卷　伊藤漱平訳，大きな書店なら置いてありますし、注文すればほぼ確実に入手できます。平凡社からは伊藤先生の訳になる「中国古典文学全集」、「中国古典文学大系」、「奇書シリーズ」、「平凡社ライブラリー」の四シリーズが出ています。

列，〔註87〕其流傳度亦低。

伊藤漱平翻譯《紅樓夢》時有幾項利基，因而使其譯本優於其他譯本。一是有優良的工具書、二是有更好的《紅樓夢》校本問世。「前修未密，後出轉精」正好形容伊藤漱平之譯《紅樓夢》。松枝茂夫曾言：

> 最初翻譯時，可以說是壓根兒沒有參考書的。基本上連像樣的中文辭典都沒有。所以只憑對上下文的理解，大概就是如此吧，揣摩著就翻譯了……，到了戰後，伊藤漱平君的出色的新譯本問世了。這確實是作得很好的一部書。當然，在他翻譯的時候，已經出現了有一定水平的辭書，更兼俞平伯的《紅樓夢八十回校本》這一較好本子也已出版，形形色色解說性著作也不少，在這些方面他大概是受惠不少吧。……我在這次重譯時，把他的譯本也置於案旁作爲參考，我等於是被他拉著走。〔註88〕

翻譯的工作原本便對後來者更有利，伊藤漱平第一次翻譯《紅樓夢》時，除了可以使用的工具書更齊備，庚辰本的影印本、俞平伯校本等皆已出版，紅學研究也已有相當程度的成果，尚有已完成的日譯本，如：幸田露伴、富士正晴、松枝茂夫等人的各種譯本爲後盾，作爲參考，可避免誤譯。

翻譯的作品必然會與時代的脈動有差異，如用詞、讀者的程度，甚或是對原著是否有更新的研究，校本或重大相關文物出土，如：中國紅學家目前仍對於作者曹雪芹故居、墳墓等文物積極地考證研究。因此改譯除了是譯者對自己作品負責的表現，也是讓譯文更貼近時代與讀者的重要機會。伊藤譯本能有三次改譯機會，最近一次甚至在西元一九九七年的當代改譯出版，這對其譯本的流傳與流通性有實質的幫助。

伊藤譯本因其流通較廣、閱讀者眾多，因此也受人重視。除了其師松枝茂夫在改譯自己的譯作時，也以伊譯本爲主要參考資料外，連各國研究者與讀者也極爲重視此譯本：中國專研《紅樓夢》外國流傳史的學者胡文彬給予

〔註87〕「岩波文庫「紅楼夢」全十二卷，松枝茂夫訳松枝先生の訳は伊藤先生の訳より柔らかくて読みやすく、この本から紅楼夢に入ったという人も多いはず。残念ながら現在は絶版になっており、古本屋で入手するしかありません。」參自：紅楼夢関連グッズホームページ：岩波書店ホームページ。

〔註88〕遲公緒，〈松枝茂夫談《紅樓夢》〉，紅樓夢研究集刊，1980 年第四輯，頁104。

伊藤譯本極高的評價；英國翻譯學者霍克思在翻譯時也參考了伊藤漱平的日
譯本，並於譯序中寫道：「由於參考了伊藤漱平於西元一九七○年出版譯本（第
二次改譯本）的注釋，省去了搜尋所需要的令人厭煩的時間。」〔註 89〕由此
可知伊譯本的重要性已受到全世界紅學家的注目。

〔註 89〕參自：伊藤漱平，〈二十一世紀紅學展望——一個外國學者論述《紅樓夢》的
　　　　翻譯問題〉，紅樓夢學刊，1997 年增刊，頁 20。

第四章　四次譯本之比較

　　前後四次譯本，是伊藤漱平用了四十年時間，研究累積出的精華。本章
更深入對四次譯本間的異同，與四次譯本之修改與精進，分析比較。伊藤譯
本《紅樓夢》由平凡社出版，前後有四個版本，依出版年代列示如下：

　　　平凡社　中国古典文学全集　一九六〇年出版　全三冊
　　　平凡社　中国古典文学大系　一九七〇年出版　全三冊
　　　平凡社　奇書シリーズ　　　一九七三年出版　全三冊
　　　平凡社　ライブラリー　　　一九九七年出版　全十二冊〔註1〕

第一節　四次譯本參考資料

　　欲避免對譯者產生誤解，研究譯本的研究者，必須了解譯者選取某個版
本的原因及理由。伊藤漱平治學態度嚴謹，由他選擇翻譯底本的過程，便可
清楚地了解。他翻譯《紅樓夢》時，前八十回與後四十回參考的底本有清楚
的劃分，並且極為謹慎。

　　四次譯本雖然主要是以俞平伯《紅樓夢八十回校本》為主，但附屬參考
的版本多有變更：

〔註1〕　為了行文順暢，故將此四次譯本分別依出版年簡稱如下：第一次譯本：中國
　　　古典文學全集版《紅樓夢》簡稱為六〇年譯本。第二次譯本：中國古典文學大
　　　系版《紅樓夢》簡稱為七〇年譯本。第三次譯本：奇書シリーズ版《紅樓夢》
　　　簡稱為七三年譯本。第四次譯本：ライブラリー版《紅樓夢》簡稱為九七年
　　　譯本。

一、第一次全譯本

　　伊藤漱平最早完成的譯本,是西元一九六〇年,由平凡社所出版,收於《中國古典文學全集》全三冊《紅樓夢》。此次翻譯選擇底本的過程,他曾於西元一九八六年發表的〈日本における『紅楼夢』の流行〉,一文中有以下的敘述:

> 筆者有幸能附先生之驥尾,三十二年至三十五年間,試著負責「中國古典文學全集」的全譯本。此譯本前八十回是以庚辰本的影印本爲底本。後四十回則是以俞平伯的《紅樓夢八十回校本》附錄所載之程甲本爲底本。(かく言う筆者も機会を与えるられたのを幸いその驥尾に附くさんものと、三十二年から三十五年にかけ、「中国古典文学全集」の一種としてまず全訳を試みた。前八十回は庚辰本の影印本を底本に用い、後四十回は俞氏の『八十回校本』付載の程甲本に拠った)。〔註2〕

西元一九九七年於《紅樓夢學刊》上發表的文章中提到,松枝茂夫將此校本轉交給他的事:

> 正當我著手翻譯,幸好庚辰本的影印本出版,把它和有正書局本邊核對進行翻譯之時,有一天,松枝老師寄來了一個快件小包,其中寫有這是北京周作人寄來轉送給你的意思之信函,小包裡裝的是俞平伯《八十回校本》全四冊。因此我很快把剛到手的《校本》作爲底本。〔註3〕

於六〇年譯本的後記中提及,版本參考的細節:

> 這個翻譯是平凡社所出版,中國古典文學全集中的一種,底本採用俞平伯氏校訂之《紅樓夢八十回校本》,及此書付錄之後四十回。前八十回亦使用庚辰本影印本及其他資料,後四十回使用程甲本、王希廉本爲輔助資料。(この翻訳はさきに平凡社より中国古典文学全集の一種として刊行したものに手を加えたものである。底本としては、俞平伯氏の校訂になる『紅楼夢八十回校本』並びに付録の後四十回を用いた。前八十回については影印庚辰本その他の資料

〔註2〕 伊藤漱平,〈日本における『紅樓夢』の流行——幕末から現代までの書誌的素描——〉,《中国文学の比較文学の研究》,1986 年 3 月 31 日,頁 481。

〔註3〕 伊藤漱平,〈二十一世紀紅學展望—— 一個外國學者論述《紅樓夢》的翻譯問題〉,紅樓夢學刊,1997 年增刊,頁 27。

により、また後四十回については程甲本・王希廉本その他の資料
により意を以て改めた箇所もあるが、一部を訳註において断るに
止めた。）〔註4〕

因此前八十回所使用的底本，除了有正本及當時剛出版的庚辰本影印本外，
尚有俞平伯所校定之《紅樓夢八十回校本》，共參考了三個版本爲底本。伊藤
漱平與先進翻譯學者及其師松枝茂夫略有不同之處，是後四十回所選擇的底
本。在伊藤漱平之前，譯者翻譯後四十回時均以程乙本爲底本。俞平伯認爲，
程甲本所存舊本的痕跡較多，〔註5〕甚至比有正本更爲接近原本，所以校本的
後四十回附上程甲本。〔註6〕因此伊藤漱平此譯本的後四十回底本，則改爲由
俞平伯的《紅樓夢八十回校本》所附錄之程甲本。〔註7〕

二、第二次全譯本

伊藤漱平的第一次改譯本是西元一九七〇年，平凡社出版之中國古典文學
大系中的全三冊《紅樓夢》。平凡社所出版的此套《中國古典文學大系》在日
本漢學界被認爲具有極高的價值，幾乎日本國內與海外較具規模的圖書館皆
藏有此套書。伊藤漱平曾於其所發表的文章及此譯本的後記中寫及其版本的
選擇與改譯的情況：

> 昭和四十二年開始至四十五年，一邊參照諸書，一邊仔細改譯。於
> 中國文學大系的其中一種出版。（さらに昭和四十二年から四十五年
> にかけて、改めて諸本を参照しながら鋭意改訳したものを「中国
> 古典文学大系」の一種として公刊した。）〔註8〕

伊藤漱平所發表，研究《紅樓夢》在日本流傳情況的文章中，曾提及自己第
一次改譯，前後花了三年的時間，參照各種版本改譯的情況於此譯本後記中
提及：

〔註4〕　伊藤漱平訳，曹雪芹原作，平凡社中国古典文学全集《紅楼夢・下》，東京都：
　　　　株式会社平凡社，1960年2月21日，頁504。
〔註5〕　王佩璋曾直接指出，程甲本優於程乙本。曹雪芹原著、俞平伯校訂，《紅樓夢
　　　　八十回校本》，香港：中華書局香港分局，1975年1月，冊一，頁16。
〔註6〕　同註5，冊一，頁22～24。
〔註7〕　伊藤漱平，〈紅楼夢八十回校本について〉，大安，1958年7月，頁16～17。
〔註8〕　伊藤漱平，〈日本における『紅楼夢』の流行──幕末から現代までの書誌的
　　　　素描──〉，《中国文学の比較文学の研究》，1986年3月31日，頁481。

這個譯本，是以俞平伯校定的《紅樓夢八十回校本》，及此校本所附錄的後四十回爲底本。此書是十年前由平凡社刊行，《中國古典文學全集》叢書中的一種。普及版《中國奇書系列》出版時，伊藤漱平曾嘗試作部份修定。此次趁著《中國文學大系》出版的機會，用十年中所做的研究爲基礎，全面的改譯，譯注與解説部份也一併修改。此譯本除了參考了俞平伯校本於西元一九六三年出版的改訂版外，尚參照了以甲戌本爲首的各種脂硯齋評本的影印本。後四十回除了程甲本之外，有某些部份參考了程乙本與王希廉評本等其他版本。注釋則參考了俞平伯、啓功先生的注釋與海內外諸學者的研究成果。（この翻訳は俞平伯氏の校訂になる『紅楼夢八十回校本』（人民文学出版社、一九五八年）ならびに付録の後四十回を底本としたもので、十年前に平凡社から『中国古典文学全集』の一種として刊行された。にち『中国奇書シリーズ』の一種として普及版を出した際、及ぶかぎり改訂を試みたのであったが、このたび本大系の一種として版を改めるにあたり、その後の研究に基づいてさらに全面的に改訳し、訳注・解説にも同様手を入れた。なお本文については、俞氏の『校本』の改訂版（六三年）を参照したほか、前八十回は甲戌本をはじめ各種脂硯斎本の影印本により、後四十回は程甲本・程乙本・王希廉本その他の諸本により意を以て改めた個所があるが、訳書の性質上そのうちの一部を訳注で断わるに止めた。また俞平伯氏・啓功氏らの注訳を始め参考にした内外先学諸家の諸業績も、一々その根拠を示すことは同様に省略した。）

〔註9〕

此次改譯，與六〇年譯本的出版時間，已相距十年之久，對一位譯者而言，能有機會做進一步的改譯是難得的機會。經過了十年的紅學研究生涯，伊藤漱平對《紅樓夢》各領域的理解又更上層樓，所以這次的改譯本成爲一個重要的自我表現機會。伊藤漱平在此次譯本出版之際，先對舊譯《中國古典文學全集》的〈解説〉一文做了較大修改。在文中增加了十年來的研究成果，如：於此文中的第六章「讀者及其影響」一段中，介紹了《紅樓夢》在海外的流

〔註9〕 伊藤漱平訳，曹雪芹原作，平凡社中国文学大系《紅楼夢・上》，東京都：株式会社平凡社，1970 年 2 月 16 日，頁 585。

傳歷史，以及當今流傳現狀，對日本流傳部分也增補了新資料。〔註 10〕由此
可知，譯者的學識能力增長，會確實表現於改譯的作品上。

三、第三次全譯本

　　西元一九七三年發行的全譯本，全三冊《紅樓夢》，列於平凡社所出的《奇
書系列》叢書中。此次的譯本，雖比上述的七○年譯本晚三年出版，但卻在七
○年譯本之前便已完成改譯。此書的改譯幅度小，底本參考與六○年譯本相
同，在此譯本的後記中，伊藤漱平已詳細說明：

　　　　此譯本所採用的版本，依舊以俞平伯校訂的《紅樓夢八十回校本》，
　　　　與其附錄的後四十回程甲本爲主，再兼之參照各種脂硯齋本、程本
　　　　等版本。在收入《中國古典奇書系列》之時已儘可能嘗試改訂，又
　　　　在改版《中國文學大系》收入本書的同時，全面的改譯。經過了十
　　　　年，這期間也注意到許多錯誤與不完備的地方，因這次的增刷而很
　　　　榮幸的有了校定的機會，至於〈解說〉，也將近年來新發現的資料與
　　　　新研究加入〈解說補記〉之中。(この訳書は、俞平伯校訂『紅楼夢
　　　　八十回校本』（人民文学出版社、一九五八年）およびその付録の後
　　　　四十回を底本とし、各種の脂硯斎本や程偉元本など諸本を参照し
　　　　て訳出したものである。本文に意を以て改めた箇所も若干あるが、
　　　　……この訳書は「解説」にも記したように、初め平凡社から『中
　　　　国古典文学全集』の一種として刊行された。のち紙型を用いて『中
　　　　国古典奇書シリーズ』に収められた際、できるだけ改定を試み、
　　　　さらに改版して本大系に収められるに当たり、全面的に改訳した。
　　　　昭和四十四年に先ず上巻が刊行されてから早くも十年経つ。その
　　　　間も心付いた誤りや不備な点は増刷のつど象嵌訂正を施してきた
　　　　が、このたび機会を与えられたのを幸い、「解説」についても、近
　　　　年の新発見資料・新研究に基づき「補記」を作成して加えること
　　　　とした。) 〔註11〕

〔註10〕　參自：伊藤漱平，〈日本における『紅楼夢』の流行──幕末から現代までの
　　　　　書誌的素描──〉，《中国文学の比較文学の研究》，1986 年 3 月 31 日，頁 450。
〔註11〕　伊藤漱平訳，曹雪芹原作，平凡社奇書シリーズ《紅楼夢・上》，東京都：株
　　　　　式会社平凡社，1973 年 5 月 10 日，頁 588。

四、第四次全譯本

　　第三次改譯本，是最近期的改譯作品，於西元一九九七年由平凡社出版完畢的《ライブラリー》系列，全十二冊《紅樓夢》。進行此次改譯時，松枝茂夫自西元一九七二年開始，改譯刊行的新版《紅樓夢》也是選用俞平伯《紅樓夢八十回校本》，因此伊藤漱平也參考了松枝茂夫的譯本，進行此次改譯。伊藤漱平言：

> 此次利用平凡社收錄改版的好機會，將本文譯文與注釋做全面性的修改參考了這數十年間所出版的校注本：由紅樓夢研究所編校的《脂硯齋重評石頭記彙校》；馮其庸、蔡義江、張俊等人所校訂的各種校注本。(今回平凡社ライブラリーに収められる改版の好機を利用して本文訳文訳注ともまたも全面的に見直しを行った。その際、この数十年間に公刊された校訂本や研究等は出来る限り参照した。例えば、紅楼夢研究所編『脂硯斎重評石頭記彙校』全五冊である。馮其庸等校注本、蔡義江注本、潘重規門下による校訂本等々の各種の校本である。また張俊等による北京師範大学出版社本の注釈である。)〔註12〕

除了參考松枝茂夫的新版譯本外，伊藤漱平還參考了其他新出版的校訂本。

> 元来この『紅楼夢』の拙訳は、いま去る約四十年前、昭和三十三年から三十五年にかけて、平凡社より「中国古典文学全集」全三十三巻中の三巻として刊行されたのが最初であり、昭和四十四年から四十五年にかけて、同社より「中国古典文学大系」全六十巻中の三巻として刊行された際に全面的に改訳を試みた。さらに昭和四十八年に同社より「奇書シリーズ」の一種として普及版が刊行された時、二度目の改訳を行っている。従って今回は三度目の改訳ということになる。その成績については、専門家を含む読者に判定を仰ぐほかないが。〔註13〕

伊藤漱平對於四十年來三次改譯，尤其是最近這一個版本，極爲自我肯定。因爲這次的譯本，等於是伊藤漱平五十年來，紅學生涯的重要里程碑，除了

〔註12〕伊藤漱平訳，曹雪芹原作，平凡社ライブラリー《紅楼夢》，東京都：株式会社平凡社，2002 年 10 月 21 日，冊十二，頁 434。

〔註13〕同註 12，冊一，頁 419。

翻譯成果，此次的譯本也收錄了伊藤漱平的重要紅學研究論文。如：〈紅楼夢の版本及び書名〉、〈原本紅楼夢未完部分の推定〉、〈八十回の石頭記から百二十回の紅楼夢へ〉、〈百二十回本の刊行と刊行者〉、〈紅楼夢の原作者〉、〈後四十回の筆者をめぐる問題〉等針對《紅樓夢》版本、作者的研究；及〈中国における紅楼夢の流行、その影響と受容の問題〉、〈海外における紅楼夢の流行の概況〉研究中國與海外《紅樓夢》流行與傳播的論文。因此第四次譯本與前三次的譯本相比之下，更顯其重要性。

第二節　譯本內容比較

一、書　名

　　伊藤譯本的書名，都譯爲《紅楼夢》，但六〇年譯本、七〇年譯本、七三年譯本三個版本，皆於書名頁加上了副標題「もとの名『石頭記』」，指出《紅樓夢》原名《石頭記》。但第四次譯本九七年譯本，便直接以《紅樓夢》爲書名，未再加副標題。〔註 14〕伊藤漱平第四次譯本爲何刪去《石頭記》此一副標題的原因，並未於此版本的後記中解釋。但此版本出版時，日本已有爲數不少的《紅樓夢》譯本，讀者對《紅樓夢》的認識亦有一定的程度，應爲伊藤漱平刪去《石頭記》副標題的原因。

二、回　目

　　四次譯本的回目翻譯，在每一次重譯時，皆有不同幅度的修改。試列數種回目在四次譯本中修改的情況：

　　第一回

　　　甄士隠　夢にて通霊玉を知るのこと

　　　賈雨村　浮世にて佳人を思うのこと　六〇年譯本〔註 15〕

　　第一回

〔註14〕第四次譯本之扉頁與書名頁的書名統一爲《紅樓夢》並無與前三次譯本的副標題。

〔註15〕曹雪芹原作，伊藤漱平訳，平凡社中国古典文学全集《紅樓夢》，東京都：株式会社平凡社，1960 年 2 月 21 日，冊一目次，頁 1。

甄士隱　夢路に奇しき玉を見しること

賈雨村　浮世に妙なる女を恋うること　七〇年譯本〔註16〕

第一回的回目爲〈甄士隱夢幻識通靈　賈雨村風塵懷閨秀〉，初譯本六〇年譯本，與第二次譯本七〇年譯本，出版時間相差了十年，變動幅度較大，如「懷閨秀」原本譯爲牽掛佳人，後改譯爲愛戀奇妙的女子。原將「夢幻」直譯爲「夢」，在這個譯本則修改爲「夢路」。日文「夢路」〔註17〕之意近似中文之「夢境」，因此比初譯更爲貼切。如此改譯可知伊藤漱平十年間對書目有了新的領悟。其後的七三年譯本〔註18〕與九七年譯本〔註19〕之第一回回目，則沿用古典文學大系版第一回回目的譯法，沒有變更。再以第三回爲例：

第三回

林如海　義兄に託し訓教に報ゆるのこと

賈後室　外孫を迎え孤児を惜しむのこと六〇年譯本〔註20〕

第三回

林如海　義兄に託し訓教に報ゆること

賈後室　外孫を迎え孤児を惜しむこと七〇年譯本〔註21〕

七三年譯本則與七〇年譯本相同，沒有改動：

第三回

林如海　義兄に託して訓教に報ゆること

〔註16〕曹雪芹原作，伊藤漱平訳，平凡社中国文学大系《紅楼夢》，東京都：株式会社平凡社，1970 年 2 月 16 日，冊一目次，頁 1。

〔註17〕「夢路」：夢をみることを道を行くのにたとえていう語。夢の通い路。參自：CASIO EX-WORD XD-S5000 電子辞書・大辞泉。

〔註18〕曹雪芹原作，伊藤漱平訳，平凡社奇書シリーズ《紅楼夢・上》，東京都：株式会社平凡社，1973 年 5 月 10 日，目次，頁 1。

〔註19〕曹雪芹原作，伊藤漱平訳，平凡社ライブラリー《紅楼夢・上》，東京都：株式会社平凡社，2002 年 10 月 21 日，目次。

〔註20〕曹雪芹原作，伊藤漱平訳，平凡社中国古典文学全集《紅楼夢・上》，東京都：株式会社平凡社，1960 年 2 月 21 日，目次，頁 1。

〔註21〕曹雪芹原作，伊藤漱平訳，平凡社中国文学大系《紅楼夢》，東京都：株式会社平凡社，1970 年 2 月 16 日，冊一目次，頁 1。

賈後室　外孫を迎えて<ruby>孤<rt>みなし</rt></ruby><ruby>女<rt>ご</rt></ruby>を惜しむこと九七年譯本〔註22〕

本回回目原文爲〈託內兄如海酬訓教　接外孫賈母惜孤女〉。〔註23〕前三個版本皆將「惜孤女」譯爲「惜孤兒」，直至第四次譯本才改爲同音字「惜孤女」，因日文漢字中亦有「孤兒」一詞，因此譯爲「惜孤兒」較易讓讀者接受。直至第四次譯本，才改爲與原文相同的「惜孤女」。

第八回

通霊に比し　金鴬少しく意を<ruby>露<rt>あら</rt></ruby>わすのこと

宝釵を探り　黛玉なかば嫉妬を<ruby>抱<rt>いだ</rt></ruby>くのこと六〇年譯本〔註24〕

第八回

通霊に比し　金鴬少しく意を<ruby>露<rt>あら</rt></ruby>わすこと

宝釵を探り　黛玉なかば嫉妬を<ruby>抱<rt>いだ</rt></ruby>くこと七〇年譯本〔註25〕

本回回目爲〈比通靈金鴬微露意　探寶釵黛玉半含酸〉〔註26〕此回的回目，七三年譯本之第八回回目，與七〇年譯本相同，皆譯爲「微露意」。

第八回

通霊に比して　金鴬うかと本意を<ruby>露<rt>あら</rt></ruby>すこと

宝釵を探りて　黛玉なかば嫉妬を<ruby>抱<rt>いだ</rt></ruby>くこと九七年譯本〔註27〕

但於九七年譯本中則改譯爲「露出本意」，如此譯法使譯文與本文距離過遠，失去本意。

伊藤漱平前後四次譯本，回目皆有不同幅度的修改，可見其翻譯之精益

〔註22〕曹雪芹原作，伊藤漱平訳，平凡社ライブラリー《紅楼夢》，東京都：株式会社平凡社，2002 年 10 月 21 日，冊一目次。

〔註23〕曹雪芹原著、俞平伯校訂，《紅樓夢八十回校本》，香港：中華書局香港分局，1975 年 1 月，冊一目次，目錄頁 1。

〔註24〕曹雪芹原作，伊藤漱平訳，平凡社中国古典文学全集《紅楼夢》，東京都：株式会社平凡社，1960 年 2 月 21 日，冊一目次頁 2。

〔註25〕曹雪芹原作，伊藤漱平訳，平凡社中国文学大系《紅楼夢》，東京都：株式会社平凡社，1970 年 2 月 16 日，冊一目次，頁 1。

〔註26〕曹雪芹原著、俞平伯校訂，《紅樓夢八十回校本》，香港：中華書局香港分局，1975 年 1 月，冊一，目錄頁 1。

〔註27〕曹雪芹原作，伊藤漱平訳，平凡社ライブラリー《紅楼夢》，東京都：株式会社平凡社，2002 年 10 月 21 日，冊一目次。

求精的精神。

三、回末註釋與隨文附註

伊藤譯本的回末附註與隨文附註，詳細與豐富的資料是其主要特色之一。這些註釋都是經過四次修訂版本，逐漸完整且濃縮。註釋的安排方式，前三次譯本，〔註28〕回末註釋皆附於每回回末，只有最後一版九七年譯本，將每一回的註譯置於每一冊末。今試以第四十回〈史太君兩宴大觀園　金鴛鴦三宣牙牌令〉之回末註釋與隨文附註爲例，比較伊藤譯本之精進過程。

伊藤譯本之初譯本六○年譯本第四十回，共有四十一條註釋。註釋的條文內容亦較爲簡單，但已具有和其後三個譯本相同的規模。六○年譯本與七○年譯本對照之下，第二次改譯本之註釋，編排形式更固定完整。試舉數例：六○年譯本之註三、註二四、註二九：

> 三　　原文「老劉、老劉、食量大似牛。」それでも、「尤」の韻を踏んでいる。〔註29〕
>
> 二四　原文「日邊紅杏倚雲栽」。唐の高蟾の七絶。〔註30〕
>
> 二九　原文「三山半落青天外」。李白の七言律「登金陵鳳凰台」詩の第五句。〔註31〕

七○年譯本第四十回同樣的註則修改如下：

> 三　　劉の婆あ……わきめもふるものか　原文「老劉、老劉、食量大似牛。」それでも韻を踏んでいる。〔註32〕
>
> 二四　雲近く……陽に映ゆる　原文「日邊紅杏倚雲栽」。唐の高蟾の七絶。
>
> 二九　三山も……青天のはて　原文「三山半落青天外」。李白の七律「登金陵鳳凰台」詩の第五句。三山は江蘇省江寧県の西南、一

〔註28〕前三次譯本，依次爲六○年譯本，七○年譯本，七三年譯本。

〔註29〕曹雪芹原作，伊藤漱平訳，平凡社中国古典文学全集《紅楼夢・中》，東京都：株式会社平凡社，1960 年 2 月 21 日，頁 65。

〔註30〕同註 29，頁 66。

〔註31〕同註 29，頁 66。

〔註32〕曹雪芹原作，伊藤漱平訳，平凡社中国文学大系《紅楼夢・上》，東京都：株式会社平凡社，1970 年 2 月 16 日，頁 561。

　　　　名護国山。〔註33〕

七〇年譯本，第一次重譯本之註文前皆先引前文，如此更方便讀者查閱。另也
有不同幅度的增刪修改，如註三：原寫道「老劉、老劉、食量大似牛……」
一句所押之韻爲「尤」韻，改譯本則刪去，僅寫道「此句亦有押韻」有簡化
之意。而註二九，則補充「三山爲江蘇省江寧縣西南的山，又名護國山。」

　　在重譯過程中，伊藤漱平將第一次譯本未能查明之註釋，皆於改譯時補
充齊全，如第四十回之註中有數條寫「出所未詳」：

　　　　二七　原文「双双燕子語梁間」。出所未詳。

　　　　三一　原文「処処風波処処愁」出所未詳。

　　　　三三　原文「双瞻玉座引朝儀」。杜甫の七言律「紫宸殿退朝口号」の
　　　　　　　第二句。〔註34〕

在七〇年譯本改譯時，註則補入新的資料。

　　　　二七　つばくるの……さえずる　原文「双双燕子語梁間」。宋の劉孝
　　　　　　　孫の七絶「題屛」詩の首句、ただし上二字を「呢喃」に作るが。

改譯時，伊藤漱平補充「双双燕子語梁間」之出處，近似宋時劉孝孫之七絶
〈題屛〉詩之首句，只是最上二字改爲「呢喃」。雖然此出處並非確定，但可
見伊藤漱平於十年的時間，對中國文學的涉獵更廣。

　　　　三一　さざなみの……運ぶ　原文「処処風波処処愁」出所未詳。唐の
　　　　　　　薛瑩の五絶「秋日湖上」詩第二句には「烟波処処愁」とあるが。

此註亦同註二七，雖未能找到確定的出處，但亦補充了唐時薛瑩的五言絕句
〈秋日湖上〉，一詩中的第二句，「烟波處處愁」亦可能是此句的出處。

　　　　三三　ふたりして……朝見の儀に　原文「双瞻玉座引朝儀」。杜甫の
　　　　　　　七律「紫宸殿退朝口号」詩の第二句。「玉」はもと「御」に作
　　　　　　　る。朝見の儀式には昭陽（女官）が二人向かいあつて玉座を見
　　　　　　　やりながら群臣を導き入れるのが例。〔註35〕

〔註33〕同註32，頁562。

〔註34〕曹雪芹原作，伊藤漱平訳，平凡社中国古典文学全集《紅楼夢・中》，東京都：
　　　　株式会社平凡社，1960年2月21日，頁66。

〔註35〕曹雪芹原作，伊藤漱平訳，平凡社中国文学大系《紅楼夢・上》，東京都：株
　　　　式会社平凡社，1970年2月16日，頁562。

此註原只寫出自杜甫七律〈紫宸殿退朝口号〉詩中的第二句。而在本版中則補註《紅樓夢》中的「玉座」原爲「御座」，是例指兩位昭陽（女官）面向天子的座席，引導群臣朝見的儀式。

　　七三年譯本與九七年譯本的第四十回中，註釋則沒有更大幅度的變更。第三版七三年譯本中，於最後加了二條補注，一是註十七的「十月梅花嶺上香」〔註36〕之出處，與註二十六「御園却被鳥銜出」〔註37〕的典故與出處。〔註38〕此兩個版本增加了詳細的「骨牌組合圖」將此回的酒令，賈母、薛姨媽、林黛玉等六人所翻出的骨牌，以圖示列於註釋中，較易讓讀者理解。可見伊藤漱平翻譯時的用心與資料收集的廣泛性。

　　曹雪芹的學識廣博，《紅樓夢》中有詩詞、酒令、謎語等典籍知識。對以中文爲母語之讀者而言，是否知道其出處並不重要。以酒令爲例，讀者一讀便能知其是否合韻，自然能融入書中情節。但外國讀者便無法得知其中的樂趣，譯者煞費苦心地將典故出處或所押之韻一一補充並使其更完備，只爲能讓讀者更容易了解文字中的趣味。

第三節　譯本附錄比較

一、解　說

　　伊藤漱平於譯本中所附之解說，內容遍及《紅樓夢》一書的各種相關問題。如：此書的背景、版本及書名的介紹等，此解說爲讀者作了詳細的《紅樓夢》導讀，足夠讓日本讀者對《紅樓夢》一書有基本的瞭解。伊藤漱平於九七年譯本的〈解說〉後所附之〈給讀者〉一文，也提到：「小説本を読むのに作者の閲歴、述作の背景なと知る必要は必ずしもないというのがぶつであるが、『紅楼夢』に限って、それを知ることが理解、解読の助けとなるであろう。」〔註39〕由此可知，伊藤漱平認爲，閱讀小說時雖然對小說的作者

〔註36〕曹雪芹原作，伊藤漱平訳，平凡社奇書シリーズ《紅楼夢・上》，東京都：株式会社平凡社，1973 年 5 月 10 日，頁 563。

〔註37〕同註 36，頁 563。

〔註38〕此二處補注，於七三年譯本中，是將之列於最後，註明爲補注。改版爲九七年譯本時，便補入註十七條與註二十六條，不再多列補注。註十七爲：同註36，頁 563。

〔註39〕伊藤漱平訳，平凡社ライブラリー《紅楼夢》，東京都：株式会社平凡社，2002

之閱歷與寫作的背景是否了解並非必要。但對《紅樓夢》的讀者而言，了解
作者及作品，卻可以幫助讀者更容易理解並解讀《紅樓夢》。因此可知，伊藤
漱平花費大量篇幅與心力寫作〈解說〉之原因。〈解說〉一文中之各種研究成
果，在學術界亦具有其重要性。

　　伊藤漱平於三次改譯的機會中，皆對〈解說〉這篇文章有不同幅度的修
改。七三年譯本，是與第一次譯本相隔十年的作品，故增加了近十頁之多的
補記。也反映了他對《紅樓夢》研究的進展。至第四次譯本，伊藤漱平以前
三次譯本的舊稿爲底本，大幅改寫。今試依各版本譯本分析如下：

　　第一次譯本：六〇年譯本之〈解說〉爲最初之版本，但內容已具有第四
版本中〈解說〉的雛型。此篇論文收錄於下冊，可分幾個部份：〈テキスト
について〉〈關於本文〉：討論《紅樓夢》的書名與版本問題，對脂硯齋本與
程本等版本做簡單的介紹。〈その作者〉〈本書之作者〉：以胡適、李玄伯、
周汝昌等學者的研究爲基礎，加上各種資料考證出曹雪芹的生平。〈作品の
成立〉〈作品的成立〉：參考吳世昌、趙岡的研究成果與曹雪芹的自述，描寫
《紅樓夢》的成書過程。〈作品の世界〉〈作品的世界〉：此段描述《紅樓夢》
問世之後，受歡迎的情況。以及《紅樓夢》一書的架構與情節大綱、所欲傳
達的作品與作者隱含於作品中的創作意圖。〈続書と続作者〉〈續書與續作
者〉：將高鶚、程偉元所刊行的程本之成書過程；後四十回補完之後，一百
二十回本《紅樓夢》的發行與流傳。高鶚其人其事的描述，高鶚寫後四十回
的情況等。以上以趙岡等學者之說爲基礎。〈読者、その影響〉〈對讀者的影
響〉：此段寫《紅樓夢》對讀者的影響，及後世續書眾多的盛況。紅學的產
生與紅學論爭，也在此段有詳細的描述。〈付錄　外国における『紅楼夢』〉
〈付錄《紅樓夢》在國外〉：敘述《紅樓夢》流傳至西方國家與日本的大概
情形。

　　第二次譯本：七〇年譯本的解說部份，與第一次譯本的解說內容大致相同，
第一段「テキストについて」〈關於本文〉，標題改爲「版本について」〈關於
版本〉。全篇文句經過重新潤飾，原列爲付錄的《紅樓夢》流傳至國外一段文
字。日本流傳史中，加入了較多新資料並修改錯誤，直接加入文章中，不另
立一段付錄。

　　第三次譯本：七三年譯本其解說部份，與第二次譯本相同，只於解說之

年 10 月 21 日冊一，頁 418。

後付上〈「解說」補記〉。補記中版本、作者、作品、續書、續作者與海外流傳史等，皆有新的資料與研究成果補入。

第四次譯本：九七年譯本的〈解說〉，文章內容最完整，收錄於第一冊中共約四萬九千字，〔註40〕與前三次譯本中的〈解說〉相比，第四次譯本的〈解說〉集伊藤漱平紅學研究之精華。除了第一冊中收錄的文章與前三次譯本標題、內容雷同外，尚於第八冊、第九冊、第十二冊之卷末收錄〈小解說〉數篇。以下將第八、九、十二冊之〈小解說〉內容略述如下：

〈小解說（一）〉收錄於第八冊卷末，內容爲：〈原本紅楼夢未完部分の推定〉。伊藤漱平也於寫給讀者的一段文字中提到，〈小解說（一）〉是「改めて作品の構成と原作者の未完成部分の推定の問題に触れ」〔註41〕這段文章是伊藤漱平重新再對於作品的構成與原作者未完成的部份問題之推測。第九冊卷末的〈小解說（二）〉則包含了以下幾部份內容：〈八十回の石頭記から百二十回の紅楼夢へ〉〈百二十回本の刊行と刊行者〉〈後四十回の筆者をめぐる問題〉，伊藤漱平自言：「補作者と補作の問題に触れる。」〔註42〕主要對續作者與續作的問題作分析。第八冊與第九冊，是《紅樓夢》的前八十回、後四十回等相關問題的論文集結，各佔約八千字的篇幅。這些論文，是更進一步的紅學研究成果，不但可以提供讀者更多的資料，也成爲後進研究者學習引用的重要學術論文。第十二冊的〈小解說（三）〉內容則包含〈挿図復元総表および挿絵解説〉、〈程偉元刊本口絵〉、〈王希廉評本口絵〉、〈紅楼夢図詠四巻　改琦筆〉、〈中国における紅楼夢の流行〉、〈その影響と受容の問題〉、〈海外における紅楼夢の流行の概況〉數篇論文。第十二冊中附錄之論文，伊藤漱平曾言：「『紅楼夢』の影響、受容の問題に触れる。」。是分析《紅樓夢》的影響與在國外的流傳與接受問題。另一個主題則是是將程偉元刊本、王希廉評本、《紅樓夢圖詠》等版本的附圖列表統計，並評論其圖畫的風格與特色。尤以改琦的圖詠一文，對著名的《紅樓夢》繪者改琦的生平與各種繪畫創作，及《紅樓夢圖詠》的各種刻本歷史。這是伊藤漱平的《紅樓夢》研究中較不同且有趣的方向。

〔註40〕〈解説〉收錄於曹雪芹原作，伊藤漱平訳，平凡社ライブラリー《紅楼夢》，東京都：株式会社平凡社，2002 年 10 月 21 日，冊一，頁 389～419。
〔註41〕同註 40，頁 418。
〔註42〕同註 40，頁 418。

二、前言與後記

　　伊藤譯本《紅樓夢》四個譯本皆僅有後記而無前言，後記中記錄譯者欲說明的事項。四次譯本所收錄之後記如下：

　　六○年譯本，後記內容包括：此譯本之底本的選擇、補充錯誤與缺漏之註釋、對松枝茂夫、增田涉、周汝昌等學界學者前輩的感謝辭。及在曹雪芹逝世兩百周年之際，表達對曹雪芹的敬意。

　　七○年譯本，此版之後記對底本選擇的始末，比六○年譯本多了一倍的篇幅；其次對本次譯本增加之附錄詳細介紹，也清楚描述附錄參考資料之出處，後記最後一段感謝倉石武四郎、松枝茂夫及諸位學界前輩的指教。

　　七三年譯本，後記中先對底本的選擇作清楚的介紹；再詳述前後三次譯本〈解說〉的修改與增刪；最後感謝倉石武四郎、增田涉、鼉鑠、松枝茂夫等教授及學界諸先進之幫助。

　　第四次譯本九七年譯本，雖然伊藤譯本四版皆無前言，但第四次譯本增加了凡例。〔註43〕凡例共有八條，包含此版本十二冊每冊分別收錄十回、底本選擇的簡述、譯註放置於各冊冊末。記載之方式，如：漢字的使用，除固有名詞外，皆使用常用漢字及日本通行的新字體，假名使用現代假名，詩歌與各回之回目使用雅言譯法。〔註44〕標點符號「」、『』依一般的使用慣例，而書中人物的獨白則用「〈〉」標示。讀音的標示使用慣用讀音。各冊之卷頭有人物表，將每冊之登場人物簡單說明……，凡例說明了以上各事項。第四次譯本的後記內容與前面數次譯本雷同，也是交待底本、〈解說〉之修改過程，並感謝從初譯以來便支持伊藤漱平的三位教授倉石武四郎、增田涉、松枝茂夫，及其他學界人士。

三、附錄圖表

　　伊藤譯本每一版本皆附了各種圖表，以便輔助讀者閱讀。六○年譯本收有：〈賈家系譜〉，〔註45〕由伊藤漱平繪製，以第二回賈雨村與冷子興的對話

〔註43〕 曹雪芹原作，伊藤漱平訳，平凡社ライブラリー《紅楼夢》，東京都：株式会社平凡社，2002 年 10 月 21 日，冊一，凡例。

〔註44〕 雅言譯相關內容於本書第四章第三節有詳述。

〔註45〕 曹雪芹原作，伊藤漱平訳，平凡社中国古典文学全集《紅楼夢・上》，東京都：株式会社平凡社，1960 年 2 月 21 日，附錄。

為基準。系譜繪有賈、薛、史、王，四大家族與十二金釵之關係表。〈賈家邸宅想像圖〉〔註46〕根據周汝昌之〈賈家府第想像圖〉繪製而成。〈恭王府平面圖〉〔註47〕亦收錄於上冊，原載於《文匯報》一九六二年四月二十九日，由中國輔仁大學制作測量之平面圖。

另有附表，〈程偉元刊本（甲本）插圖〉表中列示每一張圖，在伊藤譯本中所插入之卷次回次頁數，表末加上對此套插圖畫風與版本簡單的介紹。〈王希廉評本插圖〉表中亦列示每一張圖所插入之卷次回次頁數，以及人物所代表之花草，並指出此套插圖的特色為半葉人物圖，另半葉配有花草圖。所付之贊語將《西廂記》之詞句巧妙斷截，畫風簡潔神態佳。〈紅樓夢圖詠四卷〉除了照常列出卷次回次頁數外，尚對日本印行改琦插圖之情況，以及簡單的改琦生平有簡潔的論述。於三張表後，〔註48〕寫及〈程偉元刊本（甲本）插圖〉、與〈王希廉評本插圖〉兩種插圖原為小說中附載之圖，較晚出版之版本多有此二種插圖。而改琦的圖詠則以獨立觀賞用，為出版目的之畫集。〈南京行宮圖〉乃根據周汝昌所著之《紅樓夢新證》中所收之圖繪製而成。〔註49〕

七〇年譯本中所附之圖表，皆做了程度不一的修改，使圖表更為完整正確。如〈賈家世系圖〉則加繪了王家的王子騰與王仁等人，使世系圖更完整，也於表旁多加了此四大家族六世之分隔，可更清楚理解表中人物之關係。賈家四姐妹也依長幼順序標示一、二、三、四。程偉元、王希廉、改琦等三人的插圖列表沒有大改動，只是這些插圖在此次譯本中的頁數與第一次譯本不同，因此頁數做了修改，主要因為譯文的編排方式有大幅變動。伊藤漱平對改琦的圖詠曾有專文研究，因此在第二次譯本也補充：改琦的作品出現於嘉慶、道光年間，且其作品《玉壺山人集》等作品的出版情況，也有新的研究考證成果。《紅樓夢圖詠》在中國的版本流傳，《紅樓夢圖詠》於日本流傳的各種版本……。

七三年譯本，〈榮國府內想像圖〉多繪了抱廈廳等地點，伊藤漱平在圖上

〔註46〕 同註45，附錄。

〔註47〕 北京市恭王府，原為清初的建築，亦有一說是大觀園原型。同註45，附錄。

〔註48〕 此三張表，附於曹雪芹原作，伊藤漱平訳，平凡社中国古典文学全集《紅樓夢‧下》，東京都：株式会社平凡社，1960年2月21日，附錄。

〔註49〕 此圖收於，曹雪芹原作，伊藤漱平訳，平凡社中国古典文学全集《紅樓夢‧下》，東京都：株式会社平凡社，1960年2月21日，附錄。

註明雖根據周汝昌的〈榮國府院宇示意圖〉但也部份爲配合譯文補繪。〔註50〕其餘〈賈家世系圖〉與〈恭王府平面圖〉皆與七○年譯本相同。程偉元、王希廉、改琦等三人的插圖列表，因第二次與第三次譯本的編排方式相同，故插圖頁數亦相同。

九七年譯本，〈賈家世系圖〉與〈榮國府內想像圖〉與第三次譯本相同，並未修改。程偉元、王希廉、改琦等三人的插圖列表與文字皆雷同，僅附圖所在之冊數與頁次有所變動。此版本於第二冊卷末附了一張〈大觀園之圖〉這張圖是一九六四年末曹雪芹過世二百周年記念展，由中國人民對外文化協會所製，根據程乙本所作之〈大觀園復元模型鳥瞰圖〉，伊藤漱平雖然是以脂本爲底本，亦將之附錄於卷末。〔註51〕

由伊藤譯本附錄的精進，可以看出伊藤漱平對自己譯本中，任何小細節皆極爲重視。這與他的嚴謹爲學態度有關，也令人佩服。

四、人物表

伊藤譯本於六○年譯本，並無附上主要人物表，此譯本較爲簡略。因此十年後的改譯本七○年譯本，在改譯時加上仔細的人物表，此版本的人物表在其後的版本七三年譯本中，並無大幅度修改，只將妙玉之名由「釋妙玉」改爲「妙玉尼」。〔註 52〕人物表於第四次譯本九七年譯本中改動較多。簡省的部份：如賈寶玉條，「實爲神瑛侍者之幻身。」；林黛玉條：「實爲絳珠草的幻身。」〔註53〕等，於九七年譯本皆省略。

修改之例如下：襲人與晴雯兩人的解說，完全不同。在七三年譯本中，

〔註50〕 伊藤漱平訳，曹雪芹原作，平凡社奇書シリーズ《紅楼夢・上》，東京都：株式会社平凡社，1973 年 5 月 10 日，附錄。

〔註51〕 「第二冊折り込みの「大観園の図」は、1964 年末から翌春にかけ、曹雪芹の逝去二百周年を記念する『紅楼夢』展覧会がわが国各地でも開催された際、中国人民対外文化協会の手で特に製作出品された六十分の、復元も模型を鳥瞰図的に模写したもの、たたこの模型は主に程乙本に拠。」曹雪芹原作，伊藤漱平訳，平凡社ライブラリー《紅楼夢》，東京都：株式会社平凡社，冊十二，2002 年 10 月 21 日，頁 414。

〔註52〕 伊藤漱平訳，曹雪芹原作，平凡社奇書シリーズ《紅楼夢・下》，東京都：株式会社平凡社，1973 年 5 月 10 日，頁 7。

〔註53〕 省略賈寶玉條之「実は神瑛侍者の幻身」。省略林黛玉條之「実は絳珠草の幻身」。

襲人的人物介紹爲「はじめ賈の後室に仕え、ついで史湘雲に、さらに宝玉づきに転じた主思いの温柔賢明な少女、部屋住みの宝玉にとって非公認の妾でもある。」〔註54〕意爲，初時服侍賈母，之後服侍史湘雲，後服侍寶玉，是位替主人著想的賢良少女。在寶玉屋裡是非公認的妾。在九七年譯本，對襲人的介紹則爲：「はじめ賈の後室に仕え、ついで史湘雲に、さらに宝玉づきに転じた主思いの温柔賢明な少女。」〔註55〕將襲人是寶玉屋裡的非公認的妾一句刪除。在七三年譯本中，晴雯的人物介紹爲「見目よく心利きたる少女、結核で病没した（第七十八回）」〔註56〕而在九七年譯本改爲：「後室づきから宝玉づきなった見目よく心利きたる少女」〔註57〕從賈母處撥來服侍寶玉，美貌心地好的少女。前一次譯本中寫道之因結核病而死一句則刪除，並加上自賈母處來服侍寶玉一句。

　　綜觀四次譯本的各種附錄之修改精進過程，可見到伊藤漱平對譯本每一處細節皆極爲考究，並不只限於譯文內容，這也是他能在紅學界佔有重要的一席之地的原因。

第四節　印刷版型比較

　　伊藤譯本四次出版時，版型編排皆有所不同。本節將之歸納列出，以了解伊藤譯本於四次翻譯時出版的情況有何不同。六○年譯本，版型爲二十三公分稱爲「菊判」〔註58〕內文行文方式爲三欄，印刷較不精細，平凡社已將此書列爲絕版書。

　　七○年譯本，版型爲二十三公分。內文行文方式爲兩欄式排列。七三年譯本，版型爲二十二公分，稱爲「菊判」，大約 A5 大小，內文行文方式亦爲兩

〔註54〕同註 52，頁 6。

〔註55〕伊藤漱平訳，平凡社ライブラリー《紅楼夢》，東京都：株式会社平凡社冊一，2002 年 10 月 21 日，頁 II。

〔註56〕伊藤漱平訳，曹雪芹原作，平凡社奇書シリーズ《紅楼夢・下》，東京都：株式会社平凡社，1973 年 5 月 10 日，頁 6。

〔註57〕同註 55，頁 II。

〔註58〕初めて輸入されたとき、菊の花の商標がついていたところから、紙の原紙寸法の一。六三六ミリ×九三九ミリ。書籍の判型の一、一六折りにした大きさで、一五一ミリ×二二〇ミリ。A5 判よりやや大きい。參自：CASIO EX-WORD XD-S5000 電子辞書・大辞泉。菊判。本のサイズを表す。152×218mm、またはそれに近い。A5 判より少し大きい。

欄式排列，與前一版本的排版方式相同。九七年譯本，版型大小爲 HL 判，十六公分高大小，〔註 59〕是方便讀者攜帶的現代化版型，此種版型有助於此書更深度的流傳。

　　綜觀以上各節所探討之結果，伊藤譯本每次版本皆更爲精進，不但可以印證到伊藤漱平的爲學態度與研究精神，也更確定伊藤譯本的重要性與價值，並更深入了解四次譯本間的異同與變化。

〔註 59〕B5 変縱は B5 と同じだが、橫が B5 より大きい場合。

第五章　伊藤漱平譯本之特色與成就

　　什麼是好的翻譯作品？一個好的翻譯者，應該具備什麼要件？

　　　　論者常謂「翻譯者」（translator/traductor）就是「背叛者」
　　　　（traitor/traidor），背叛原作的文筆，翻譯是「再創造」的新文本。
　　　　墨西哥詩人帕斯（Octavio Paz）卻說：「翻譯與創作是孿生兄弟」。
　　　　翻譯是學識，也是實務，需要不斷閱讀（包括閱讀他人的翻譯文本），
　　　　也需要不斷練習翻譯。周兆祥提出的翻譯的要件中包括：雙語能力，
　　　　語言的敏銳感受能力，雙文化修養，學識廣博，專科學養，分析能
　　　　力，治學訓練，想像力與模仿力，認真負責的精神，團隊精神，能
　　　　抵受工作壓力，謙虛接受批評。等要件。〔註1〕

一個勝任的翻譯工作者所應具有的條件有三：對原作的把握；對本國文字的
操縱能力；經驗加上豐富的想像力。〔註2〕由本文第二章中，對伊藤漱平個人
生平與學術研究生涯所作的分析。可知伊藤漱平身為一位翻譯者，所需具備
的語言能力足夠，是一位日文與中文兼修的文學大師。長年對中國文學的涉
獵，使他對中國文化的修養與小說方面專門的學識，足以勝任《紅樓夢》的
翻譯工作。

　　翻譯的原文，對譯者來說有隔行如隔山的困難度，假若一位中文造詣很
深，卻專研商業經驗的翻譯家，讓他翻譯《紅樓夢》，可能無法將文字中的深
意與奧妙之處表達出來。因此，並不是任何一位熟諳中文的翻譯家，都能譯

〔註1〕　吳錫德，《翻譯文學與文學翻譯》，臺北市：城邦文化事業股份有限公司，2002
　　　　年2月5日，頁84。
〔註2〕　林以亮，《紅樓夢西遊記》，臺北市：聯經出版事業公司，1977年7月，頁10。

好《紅樓夢》。伊藤漱平自大學畢業論文開始,便專心研究《紅樓夢》,因此自能勝任這部鉅著的翻譯工作。

譯評家林以亮,在其作品《紅樓夢西遊記》一書中曾言:英譯《紅樓夢》的學者霍克思先生,對於譯評者的豁達胸懷與恢宏的氣度令人敬佩。因為譯評者往往站在反對的立場,無論下筆如何謹慎,難免與譯者有見仁見智之處。〔註3〕若沒有做過廣大的調查,很難斷定譯文是否為該國讀者所接受。譯評者在撰寫譯評時,常出現以下的問題:一、考慮不周:譯評家對譯者的處境考慮不周。二、文章內容陳陳相因、有剽竊他人之嫌。三、郢書燕說:評者對外語譯文一知半解就肆意批評。〔註4〕因此本章不從譯評角度來分析伊藤譯本。第一節分析伊藤漱平翻譯《紅樓夢》的特色。第二節則歸納伊藤譯本的各種優點如:譯本中所譯介的各種文史知識與貢獻。第三節中分析此譯本的語言特色。

第一節　伊藤譯本的翻譯特色

清末的翻譯家嚴復提出的翻譯準則「信、達、雅」,至今仍具重要的指導意義。所謂的信:指的是忠實於原文,按照原文作者的構思、文體、文風,以本國語言習慣翻譯出來。達:將原文的思想、內容、情感等……,確切地、適當地換用本國語言來表達,形成一種語言體系。雅:要求譯文通俗流暢,並保持原文的鮮明性和生動性,再現原文的風格,使讀者讀後有一種美的感覺。〔註5〕本節以此三個原則為基礎,探討伊藤譯本的翻譯手法。討論譯本的忠實翻譯、版本考究與註釋清楚等各種特色。

一、忠實翻譯

俄國翻譯家,阿列克謝耶夫認為,譯文有三種不同模式,一是逐字逐句把原文表達出來、一是將原文全部轉換成標準的俄語,稱為作家或文學家的

〔註3〕　林以亮,《紅樓夢西遊記》,臺北市:聯經出版事業公司,1977年7月,序,頁2。

〔註4〕　參自:洪濤,〈論《紅樓夢》譯評的若干問題——以《紅樓夢對聯中的典故譯介》一文為中心〉,紅樓夢學刊,2003年第一輯,頁325。

〔註5〕　參自:陸松齡,《日漢翻譯藝術》,臺北市:臺灣商務印書館股份有限公司,1996年2月,頁15。

翻譯。第三種則是介於此二者之間，既保留原文的中國味道與風格，又能讓讀者理解而且感覺到其味無窮。〔註6〕逐字翻譯通常把原文的字，按照翻譯文字的句法重新排列組合，如此會使得譯文的文字用法顯得笨重，且易產生錯誤。英譯《紅樓夢》的霍克斯曾言：「我恪守的一條原則就是要把一切都譯出來，甚至包括雙關語在內。」，〔註7〕他認為《紅樓夢》中的一字一句，都有它的作用，因此他秉持著第一種翻譯的模式，傳原著之神給讀者。

除了對原作語言的熟悉外，對母語的掌握亦極為重要，翻譯者最忌過度自信，語言轉換時，為了讓文字優美，對自己母語掌握的自信、與原作的背景環境差距及譯者所處時代語言的變化……，都容易使譯文加入過多譯者個人的想法，使得譯文與原文產生落差。〔註8〕經過譯者將原文再次的創作之後，成為一部有生命力的譯作，這除了是對原作與讀者負責的問題，也是譯者對原作者的虔誠態度。伊藤譯本的譯法，是對原作忠實的翻譯，一字一句、雙關語、成語、詩詞都鉅細靡遺，且可以讓讀者看出譯者對原文的理解及想法。關於伊藤譯本在雙關語、成語……，之譯法，於本章第三節詳細舉例說明之。

二、版本考究

版本的選擇，對譯本有極大的影響；除了根據既定的校本外，譯者有時也必須身兼版本考證的工作。以霍克思英譯本為例，霍克思所用的原文是程乙本，他的理由是程乙本為最完整的現成版本，在其他抄本不易購得，逐字逐句校核又太費時間的情況下，選擇程乙本為底本似乎最為簡便。但程乙本有許多與原作之意相違的刪改處，若霍克思能在以程乙本為底本時，同時參考其他校定本，可以避免許多妄改與節刪的情況發生。〔註9〕伊藤漱平在版

〔註6〕　參自：李福清（Boris Riftin），〈《聊齋志異》在俄國──阿列克謝耶夫與《聊齋志異》的翻譯和研究〉，漢學研究通訊，2001 年 11 月，頁 32。

〔註7〕　「我恪守的一條原則就是要把一切都譯出來，甚至包括雙關語在內＝因為雖然《紅樓夢》是一部"未完成的小說"，但卻是由一位偉大作家用血淚寫成，並反覆修改。因此我認為凡書裡有的，都有它的作用，所以總得要設法表達出來。我不能認為處處都處理得很成功，可是如果我能夠使讀者得到我讀這本中國小說時獲得的樂趣的百分之一，也就不虛此生了。」周珏良，〈談霍克斯英譯本《紅樓夢》〉，紅樓夢研究集刊，1980 年第三輯，頁 455。

〔註8〕　參自：別宮貞德，《翻訳読本──初心者のための八章》，東京都：株式会社講談社，1984 年 5 月 20 日，頁 24～25。

〔註9〕　參自：林以亮，《紅樓夢西遊記》，臺北市：聯經出版事業公司，1977 年 7 月，

本的選擇上就顯得考究許多，本小節由譯文內容來探討伊藤譯本對版本的考究。

以程甲本、程乙本中已散失的大丫頭「媚人」為例，在俞平伯《紅樓夢八十回校本》中可以看到媚人出現。程本的原文為「只留下襲人，晴雯，麝月，秋紋四個丫鬟為伴」，〔註10〕而俞平伯校本的原文為「只留襲人、媚人、晴雯、麝月四個丫鬟為伴」，〔註11〕伊藤漱平依俞平伯校本為底本，便將媚人也譯入正文中「宝玉の世話をして寝かせつけると、侍女の襲人・媚人・晴雯・麝月の四人だけを付き添いに残し、自分たちはやおらどこかへ消えてしまいました。」，〔註12〕但因為媚人在此書中只出現一次，故在註釋中對媚人此人物，做了一番解說。

> 媚人この名の侍女はこの個所だけに現れる。ために程本ではこれを削り、他の三人のしたに秋紋を加えている。四名の侍女の頭字「襲媚晴麝」は「襲美情赦」と音通、「美を襲いて情もて赦せ」のメッセージを籠めるため、本回加上の際に媚人の名が案出されたか。「美」とは康熙帝の美政を指そう。〔註13〕

此註釋中提及：媚人之名只在此處出現，在程本中媚人被刪去，改成了秋紋。註釋中又云：其實曹雪芹安排此四名侍女「襲媚晴麝」與「襲美情赦」之音通，也隱藏了襲美情赦這個訊息，又「美」這個字可能也在暗指康熙帝的美政。但這些都是推測，過於近似索隱派的說法，雖然是伊藤漱平綜合了脂評、諸紅學先進的研究成果所歸納出的論點，但又令人覺得猜測過度，對外國讀者而言可說是個負擔。

此譯本雖然是以俞平伯校本的脂庚本為主，但也有部份參考其餘版本，如：第一回〈開卷詩〉後的一段文字，便使用甲戌本為底本。〔註14〕

> のちさらに脂硯斎が甲戌の年に書き写して読み、かさねて評を加えたとき、『石頭記』の題名を復活させて用いるようにした次第。

頁2～3。
〔註10〕曹雪芹，《紅樓夢》，臺北市：佳禾圖書社，1982年1月1日，頁31。
〔註11〕曹雪芹原著、俞平伯校訂，《紅樓夢八十回校本》，香港：中華書局香港分局，1975年1月，冊一，頁47。
〔註12〕伊藤漱平譯，曹雪芹原作，平凡社ライブラリー《紅樓夢》，東京都：株式会社平凡社，2002年10月21日，冊一，頁81。
〔註13〕同註12，冊一，頁372。
〔註14〕脂庚本此處為：「出則既明，且看石上是何故事。按那石上云。」

〔註 15〕

伊藤漱平也在註釋中說明：這一節文字由甲戌本補入，此版本是甲戌年乾隆十九年（西元 1954 年）時的版本。這是伊藤漱平使用甲戌本爲底本最明顯的例子。

三、註釋清楚

　　對現代文學譯本而言，過多的註釋只會讓讀者無所適從，並降低讀者閱讀的流暢感，讓讀者有譯者不專業的錯覺。但翻譯《紅樓夢》時，註釋的重要性便不容忽視，即使是漢字文化圈的讀者，對書中的某些典故、詞彙也會有所誤解或疑惑。因此中文《紅樓夢》的部份出版品，也會附有註釋或白話譯文。更何況日本讀者在文化與認知上，與使用中文的讀者完全不同的情況下，譯本的註釋是小說普及所必須具備的要點。但註釋的量是否需要適中呢？過多或不足，對讀者閱讀的興趣是否有所影響？是否會失去趣味。

　　日本早期的《紅樓夢》翻譯，通常附帶著紅學研究。附在譯文前後的序跋、註釋、解說，都是譯者的紅學研究成果。以早期的富士正晴與武部利男合譯的節譯本爲例，全書皆無註釋。〔註 16〕伊藤漱平在此方面便優於其他譯者，伊藤譯本註的數量多於其他各譯本，詳細度也是許多讀者稱許的優點。

　　除了某些必須的書末附註外，可以讓讀者直接了解的隨文附註亦非常重要。伊藤譯本常利用最簡單的日文同義詞隨文附註，不必給予讀者過度壓力，如：

　　　　戶部（大藏省）

　　　　公主（內親王）

　　　　郡主（親王の娘）〔註 17〕

　　　　京營節度史（首都駐屯部隊の司令官）〔註 18〕

　　　　桂花（木犀）〔註 19〕

「戶部」，相當於現代的財政部，也就是日本的「大藏省」。「公主」在日本

〔註 15〕伊藤漱平訳，曹雪芹原作，平凡社ライブラリー《紅楼夢》，東京都：株式会社平凡社，2002 年 10 月 21 日，冊一，頁 29。
〔註 16〕西元 1968 年，東京河出書房新社出版。
〔註 17〕伊藤漱平訳，曹雪芹原作，平凡社ライブラリー《紅楼夢》，東京都：株式会社平凡社，2002 年 10 月 21 日，冊一，頁 139。
〔註 18〕同註 17，冊一，頁 137。
〔註 19〕同註 17，冊一，頁 173。

稱呼爲「內親王」。〔註 20〕「郡主」是親王的女兒。至於「京營節度史」則相當於日本的「首都駐屯部隊的司令官」。「桂花」是中國的稱呼，日本則習慣稱爲「木犀」。這些名詞只要簡單的附註便能讓讀者理解，因此隨文附註是最適當的方式。

伊藤譯本的註解尚有另一種類型，是伊藤漱平在紅學方面的知識累積成果。如第五回中，元春的判詞：「二十年來辨是非，榴花開處照宮闈。三春爭及初春景，虎兔相逢大夢歸。」。〔註 21〕伊藤譯本的註寫道：「第四行原文「虎兎相逢大夢帰」、元春は実は康熙帝を影射し、帝が壬寅六十一年末に崩じて、曹家（賈家）も庇護者を失い没落した事実を伏せたか。翌年は雍正癸卯元年（虎兎相逢う）」〔註 22〕伊藤漱平認爲：元春實際是影射康熙帝，康熙於壬寅年崩逝，翌年是雍正癸卯年。寅爲虎，卯爲兔，在虎兔相逢這一年間，曹家的庇護者消失，使得曹家開始沒落。元春影射等言，是索隱派的考證方式，這個說法也廣被一般紅學家與讀者所接受，於是伊藤漱平將之寫於註中。

除此之外，由於伊藤漱平對《紅樓夢》各版本知之甚詳，因此在註中時常可見各抄本、刊本的對照結果。閱讀註釋，猶如讀了一本《紅樓夢》版本學專著。尤其六十七回的第一個註釋，伊藤漱平便花了將近七百字的篇幅，解釋第六十七回的版本問題，指出《紅樓夢》第六十七回大抵有兩個系統：一是有正本（戚序本）與甲辰本系統；一是程甲與程乙本系統，兩個系統間的差異頗大。俞平伯校本兼採有正本（戚序本）及程甲本兩個系統。松枝茂夫經過兩相比較後，認爲戚本的行文口吻較接近原作者，而程本則較近高鶚補著，因此松枝茂夫採用戚本……。〔註 23〕伊藤譯本採用前者的校本，故日本的讀者可由這兩個譯本看出第六十七回的差異。伊藤漱平的註釋，也讓研究譯本的後學，了解日本紅學界各個譯本在翻譯時，對版本的選擇過程與理由。

〔註 20〕「內親王」：皇室典範で、嫡出の皇女および嫡男系嫡出の皇孫である女子。旧皇室典範では、皇女から皇玄孫までの女子をいった；律令制で、天皇の姉妹および皇女。參自：CASIO EX-WORD XD-S5000 電子辞書・大辞泉。日本的皇室，嫡出的皇女與嫡出的皇子所出之女，及天皇的姐妹，都稱爲內親王。此與中國的「公主」近似。

〔註 21〕曹雪芹原著、俞平伯校訂，《紅樓夢八十回校本》，香港：中華書局香港分局，1975 年 1 月，冊一，頁 50。

〔註 22〕同註 17，冊一，頁 374。

〔註 23〕伊藤漱平訳，曹雪芹原作，平凡社ライブラリー《紅楼夢》，東京都：株式会社平凡社，2002 年 10 月 21 日，冊七，頁 447～448。

第二節　譯本中的文史知識與貢獻

一、中國文學典籍

　　伊藤漱平的中國文學知識深厚，由他的譯本中可以清楚的了解，凡《紅樓夢》中所涉及的相關中國文學典籍，伊藤漱平皆盡力介紹，除了可以讓日本讀者更了解中國文學外，也可供本國想更深入鑽研紅學的讀者參考。

　　以第一回書中提到「甄士隱」與「賈雨村」二人之名，乃為「眞事隱」與「假語存」，是曹雪芹於創作之際將眞事用假語來暗示。一般的註釋到此即可讓讀者了解此兩個人名所隱含的深意。但伊藤漱平於註釋再加上「宋の王明清『揮塵録』余話巻二には、保義と号した甄陶と、機宜と号した賈元孫とを組み合わせて揶揄した「甄保義は眞保義にあらで、賈機宜はこれ仮機宜」の対句が曽紆の作にあることを記す。作者もこれに示唆されたものか。」〔註24〕指出宋朝時王明清的作品，《揮塵錄》余話卷二中，甄保義與賈機宜也是用同樣的手法，來暗示作者在人名中隱含的揶揄。雖然無法證得，曹雪芹「甄士隱」與「賈雨村」這兩個角色的創作靈感來自此書，但此種寫作方法在當時已流行多時，因為由脂評的批語也可看出，曹雪芹在《紅樓夢》中多處利用了此種隱喻揶揄的方法。

　　伊藤譯本譯及「女媧」時，便將典籍中對女媧的描寫，在註中說明清楚：「神話では、共工が祝融と戦争した余波で天地を支える柱や大綱が破損し、天は西北に傾き大地は東南が陥没したため、女媧が補修に当つたと伝える。（『列子』『淮南子』などにみえる。）」〔註25〕除了將女媧補天的故事大致寫於註釋中外，也寫明了於《列子》、《淮南子》等書中皆可見女媧補天的故事。其餘如註：「大荒山」註中寫到：「大荒中に山有り」在《山海經》的〈大荒經〉中可以看到，這可能是曹雪芹寫作「大荒山」的創作原點；而「無稽崖」則從《莊子》的〈天下篇〉而來。〔註26〕

　　當文中譯及「絳珠草」時，伊藤譯本於註中，先解說絳乃赤色，因此絳珠指的是血淚，絳珠仙草乃是為報神瑛侍者的灌溉之恩。註解至此，已大略

〔註24〕同註23，冊一，頁355。
〔註25〕伊藤漱平訳，曹雪芹原作，平凡社ライブラリー《紅楼夢》，東京都：株式会社平凡社，2002年10月21日，冊一，頁356。
〔註26〕同註25，冊一，頁356。

解說了《紅樓夢》中絳珠仙草的由來與故事。接著伊藤漱平又於註中寫及，中國各典籍中曾出現過絳珠草的篇章，如：左思的〈吳都賦〉，可見絳草與紫草並列之句；又有一說，〈山海經〉中山經可見赤帝之女瑤姬，死後化為瑤草的故事；另有一說是曹寅七律〈櫻桃〉詩中的第二句「承恩賜出絳宮珠」……，詩中的第四句，為「日映瑛盤看欲無」，是漢明帝時，太官赤瑛，用自製的盤盛櫻桃進上的故事。〔註 27〕諸如此類引經據典的註解，伊藤譯本已超越《紅樓夢》這部小說本身所含括的範圍，遍及中國文學中的經史子集，伊藤譯本已不能簡單的以《紅樓夢》譯本視之，應是一部介紹中國文學的名著。

二、歷史知識與文化

　　了解文化背景，對閱讀《紅樓夢》時有極大的幫助。中日兩國的文化雖是一衣帶水，有頻繁的交流關係。中國的地名；典章制度；歷史上的人名、事件名，草木花卉之名等，若對中國古書典籍稍曾涉獵，便不會覺得過於困難。但對於跨文化的日本讀者而言，這些名詞極難理解。因此伊藤漱平在譯本中，對這些可能造成讀者閱讀障礙的歷史知識與文化名詞，採取直譯的方法，再於書末作註解。如：第一回中提及的數位歷史人物：「班姑」、「蔡女」；「潘安」、「子健」，便於書末註中詳細交待歷史始末：

　　　班姑・蔡女：前者は後漢の班昭のこと。字すなわち呼び名は惠姬。兄班固の遺した『漢書』を続成し、『女誡』を著わした（曹氏に嫁したので曹大家とも呼ぶ）。後者は後漢の蔡琰を指す。呼び名は文姬。大学者蔡邕の娘で「胡笳十八拍」を詠んだ。才徳兼備の女性の代名詞として併称したもの。

　　　潘安・子健：前者晋の潘岳のこと。呼び名は安仁。後者は魏の曹植（曹操の次子）、子健はその呼び名。詩人才子の代名詞として併称したもの（潘岳はわが国でいう業平の意味につかわれるはどの好男子でもあった）。〔註28〕

註中將班昭與蔡文姬的大略生平事蹟寫出，並歸納此二人代表的是才德兼備的女性代名詞；而潘安與曹植則是詩人才子的代名詞。對中國讀者而言，這

〔註27〕同註25，冊一，頁361。

〔註28〕伊藤漱平訳，曹雪芹原作，平凡社ライブラリー《紅樓夢》，東京都：株式会社平凡社，2002年10月21日，冊一，頁358。

四個人名是不需再多做解釋的象徵性人物，但對沒有接觸中國歷史文學的讀者而言，則是必需的註釋。因此伊藤漱平在潘安處爲讀者加註，與日本稱呼英俊多才之男子爲「業平」〔註29〕之意相同，讓日本讀者能更容易理解。

　　但當提及「李龜年」、「黃旛綽」〔註30〕等人時，這幾位連中國讀者也不熟悉的歷史人物，若再有過多的解釋，對日本讀者來說反而是負擔。因此伊藤漱平也視情況而定，於註中只用簡單的說明解釋，註釋譯爲中文如下：

> 此八人首先「李龜年」是唐玄宗時受寵的樂師；黃旛綽則是玄宗時的朝臣；敬新磨是唐莊宗時的樂師。以下的女性：紅拂是隋時的紅妓，可於唐杜光庭所著之《虯髯客傳》中看到；薛濤爲唐時的妓女，以詩著名；崔鶯鶯是唐元稹的小說《鶯鶯傳》與元王實甫的戲曲《西廂記》中的女主角。〔註31〕

此註釋中言：黃旛綽爲朝臣，實爲玄宗時的優人，並非朝臣。此乃伊藤漱平引用資料錯誤。除了歷史人物的介紹之外，當文中出現各種不易理解的歷史典章制度時，更需要清楚的註記：如「大比」一詞，對熟悉中國歷史的讀者而言，自然便有基礎知識，知道這是科舉考試中三年一次的鄉試，但對不同文化背景的讀者而言，卻是個很難懂的名詞。

> 大比：科挙（清代以前の高等文官登用試験）の制度では、府・州・県学の生員（「秀才」ともいう）を集め、三年ごとの秋に省で試験した。これを「郷試」といい、合格者を挙人という。さらに翌春、彼らを都に集め三年ごとの試験をした。これを「会試」といい、最後に天子じきじきの試問「殿試」に及第したものを進士と

〔註29〕業平：（825～880）平安前期の歌人。六歌仙・三十六歌仙の一人。阿保親王の第五子。情熱的で詠嘆の強い和歌を残し、伊勢物語の主人公とされる。美男子の代表といわれる。業平是平安時期的詩人，一般認爲是伊勢物語故事中的主角，《伊勢物語》的主角在書中並未標明，乃後人推測爲業平。業平是美男子的代名詞。與潘安所代表的美男子同意。參自：CASIO EX-WORD XD-S5000 電子辞書・大辞泉。

〔註30〕原文爲：「再如李龜年、黃旛綽、敬新磨、卓文君、石曼卿、紅拂、薛濤、崔鶯、朝雲之流。」曹雪芹原著、俞平伯校訂，《紅樓夢八十回校本》，香港：中華書局香港分局，1975 年 1 月，冊一，頁 20。

〔註31〕伊藤漱平訳，曹雪芹原作，平凡社ライブラリー《紅樓夢》，東京都：株式会社平凡社，2002 年 10 月 21 日，冊一，頁三六六。段成式於《酉陽雜俎》《續集卷之四第九十三則》：「相傳玄宗嘗令左右提優人黃旛綽入池水中，復出，旛綽曰：向見屈原笑臣：爾遭逢聖明，何爾至此？」

称した「大比」は郷試を指すこともあるが、ここでは会試をいう。

雨村は貧乏挙人だったのであろう。(もっとも、上京旅費は政府か

ら支給されるのがきまりだったはずだが。)〔註32〕

此處的註先大致說明科舉取仕的途徑。從鄉試、會試、到殿試的考試過程。
再將會試情況說明清楚，會試次年春天，必須上京赴考。賈雨村是貧窮的舉
人，所以上京的旅費沒有辦法支付。內容完整易懂，可以令讀者了解爲何賈
雨村必須上京，且必須籌措旅費。

又當內容有「銀子」一詞時，由於日本讀者很難理解，中國當時以銀塊
爲主要流通貨幣的文化背景。因此在註中，伊藤漱平仍利用不少篇幅介紹「銀
子」。原文譯爲中文後如下：

是貨幣用的銀塊，也稱爲「銀兩」，兩是計重的單位，一兩約三十二

公克。清代的通貨主要是由銀兩與制錢（政府鑄造的銅錢）建立，

銀子一兩相當於制錢一千文（實際的交換率會有不等的變動。）銀

子是以銀錠的型狀以固定重量如一兩、五十兩等流通，另有重量不

一的碎銀。〔註33〕

「寄名鎖」，也是中國文化特有的產物，若不仔細註記，並無法讓讀者理解。

寄名鎖：「寄名」とは他人に名づけ親になってもらうこと。僧や道

士に頼んで「寄名」し在家のままその弟子とならせ、子供の長命

を祈った習俗。さらに鎖（錠前）形の金属片を首にかけて神仏の

命令を「封じとざし」加護を受ける意を表した。〔註34〕

寄名是一種舊時的習慣。父母爲求小孩順利成長，而將其託名於菩薩或尼姑、
道士處做乾兒子或乾女兒，讓小孩在脖子掛上鎖形的金屬片，做爲受神佛封
印保護的意思。這種習俗至今在華人世界仍然有奉行的人，是一種有趣的文
化，讀者可以透過閱讀伊藤譯本得到這些知識。專業而清晰的解說，一直是
伊藤譯本的特色，讀者若能仔細閱讀這些精心安排的註記，對中國的歷史、
文化必有一定程度的了解。又因爲附註寫於書末，若讀者覺得不需要時，可
忽略不看，反之，若閱讀上遇到困難，便可從註記中得到最清楚的解答。

〔註32〕 同註31，冊一，頁362。

〔註33〕 伊藤漱平訳，曹雪芹原作，平凡社ライブラリー《紅樓夢》，東京都：株式会
社平凡社，2002年10月21日，冊一，頁363。

〔註34〕 同註33，頁368。

三、解說與後記的貢獻

　　好的譯本，從後記與解說可以清楚的看出。以後記來說，除了不可免俗地感謝，在譯書過程中幫助自己的人外，後記其實還可以有更好的發揮。諸如作者的成長家族等各種消息、時代背景，此書於文學史上的地位……，都是可以寫進後記之中的資料。三島由紀夫曾言：「日本人的學術研究癖發揮起來，詳細的解說與後記便變成一種流行。後記若過長則有比作品本身份量重的缺點，後記最好能告訴讀者『這個作品正確的讀法』即可，而不必過於繁複。」〔註35〕當然解說也是一樣，若篇幅過長、份量過重，則會搶走讀者對作品本身的注意力。

　　伊藤漱平於平凡社第四次出版《紅樓夢》譯本，第一、八、九、十二等冊中，收錄了解說共約四萬九千字，其內容包括了：

　　第一冊

　　　　紅楼夢の版本及び書名

　　　　紅楼夢の原作者

　　　　紅楼夢の成立

　　　　紅楼夢の世界

　　　　紅楼夢の構成

第一冊的解說主要針對《紅樓夢》此書的背景、版本及書名的介紹，兩萬字的內容，足夠讓日本讀者對《紅樓夢》一書有基本的瞭解，是讀者閱讀《紅樓夢》前最佳的導讀。

　　第八冊

　　　　原本紅楼夢未完部分の推定

　　第九冊

　　　　八十回の石頭記から百二十回の紅楼夢へ

　　　　百二十回本の刊行と刊行者

　　　　後四十回の筆者をめぐる問題

第八冊與第九冊，是《紅樓夢》的前八十回、後四十回等相關問題的論文集

〔註35〕參自：河野一郎，《翻訳上達法》，東京都：株式会社講談社，1983 年 8 月 5 日，頁 28～30。

結，各佔約八千字的篇幅，這些論文，是更進一步的紅學研究成果，不但可以提供讀者更多的資料，也成爲後進研究者學習引用的重要學術論文。

第十二冊

挿図復元総表および挿絵解説

程偉元刊本口絵

王希廉評本口絵

紅楼夢図詠四巻　改琦筆

中国における紅楼夢の流行、その影響と受容の問題

海外における紅楼夢の流行の概況

あとかき

第十二冊中附錄之論文，主要有兩個主題：一是將《程偉元刊本》、《王希廉評本》、《紅樓夢圖詠》等版本的附圖列表統計，並評論其圖畫的風格與特色。尤以改琦的圖詠一文，對著名的《紅樓夢》繪者改琦的生平與各種繪畫創作，及《紅樓夢圖詠》的各種刻本歷史有詳細論述整理。這是伊藤漱平在精細嚴密的版本學研究找到的另一個有趣的方向。

另一個主題，是由他著名的〈《紅樓夢》在日本流行概況〉一文，延伸至《紅樓夢》在中國與海外的流行概況。〈《紅樓夢》在中國的流行、影響及受容的問題〉一文，是由一位外國學者的眼裡，來看《紅樓夢》在中國的流行與研究情況。並直接將中國國內的「紅樓夢論爭」、「文化大革命」對紅學發展的影響，及中國藝術研究院的「紅樓夢研究所」對紅學的貢獻；中國學者對曹雪芹研究的貢獻；《紅樓夢》現代在中國流行的情形；對受《紅樓夢》影響的茅盾、林語堂、張愛玲等現代文人皆有所著墨。尤其以文化大革命等政治問題爲論述題材，是中國紅學家較少觸碰的部份，伊藤漱平的研究正可補足此方面論述之不足。

伊藤譯本的後記部份顯得簡單明瞭，首先將此譯本所依據的底本做詳細介紹。如：使用了一九五八年與一九六四年的俞平伯校訂《紅樓夢八十回校本》及程甲本的後四十回及各種脂本……。並將此譯書從第一次出版到最後一次改版的歷史與其中的不同大略說明，幾次版本間解說、補記的變動幅度，另外參考了哪幾本新近編寫完成的《紅樓夢》校注本，及其他索引辭典等工具書等也寫於後記中。最後感謝三位已逝，但影響伊藤漱平深遠的教授：倉

石武四郎、增田涉、松枝茂夫，及諸位幫助這部譯書順利付梓的學者朋友。〔註
36〕是一篇不足一千字，簡短而恰如其分的短文。

四、與松枝茂夫譯本比較

　　鈴木陽一曾寫了一篇〈古典小説を楽しむための本〉，針對日本各種古典小
説翻譯本的特色做評議。也分析了《紅樓夢》的日譯本，伊藤漱平與松枝茂夫
兩者的特色：「『紅楼夢』は大系の伊藤漱平の手になる鏤骨砕身、絢爛豪華の
訳文か、飄々とした人柄が訳にも窺える岩波文庫の松枝茂夫訳が、これも好
みの問題だ。」〔註37〕簡短兩句，就點出伊藤譯本與松枝茂夫譯本最大的不同。
伊藤漱平的譯文是用盡心血、豪華精緻的譯文，而松枝茂夫的譯作則是文如其
人、柔軟飄逸的風格。對讀者而言，松枝茂夫的譯文較容易閱讀，像一般的小
說譯文，不會過於堅硬。伊藤漱平的譯本則像是在聽講師說話上課一樣，譯文
忠實卻堅硬。伊藤漱平師承松枝茂夫，師徒二人在翻譯《紅樓夢》的志業上，
相互鼓勵切磋，前後都使用相同的底本，但兩人的譯作卻有極大的差別。

　　伊藤漱平也曾說過松枝茂夫譯本的特色：

　　和拙譯相同，老師在改譯之時也是選用《校本》為底本，所以這次我自
己是邊參考邊進行第三次改譯，不能不對他的業績流露感嘆之聲。他所用的
日文極其精妙，眾多的登場人物似乎都在說著他們自己的語言，生動活潑。
過去他曾經把沈復《浮生六記》、張岱《陶庵夢憶》等許多名著譯成日
文。……，所以這一次《紅樓夢》改譯本可以說是松枝老師五十年翻譯成果
的結晶，所附解題、譯注也可以說是他傾注畢生心血研究《紅樓夢》的精華
薈萃。〔註38〕

　　與松枝茂夫相比，伊藤漱平雖有其他譯作，但類型接近，多為明清小說。
曾翻譯多部小說的松枝茂夫，其經驗與掌握譯文的技巧，更為熟練且信手拈
來，具有松枝茂夫獨特的魅力。伊藤漱平的譯文，需要讀者花費更多的精神
理解，這也是為何目前日本有一群讀者，積極地要求岩波書店再版松枝茂夫

〔註36〕伊藤漱平訳，曹雪芹原作，平凡社ライブラリー《紅楼夢》，東京都：株式会
　　　　社平凡社，2002 年 10 月 21 日，刑十二，頁 434。
〔註37〕鈴木陽一，〈古典小説を楽しむための本〉，月刊しにか，2001 年 4 月，頁 65。
〔註38〕伊藤漱平，〈二十一世紀紅學展望──一個外國學者論述《紅樓夢》的翻譯問
　　　　題〉，紅樓夢學刊，1997 年增刊，頁 28。

所譯之《紅樓夢》的原因。伊藤漱平與松枝茂夫兩人所譯的《紅樓夢》堪稱
是日譯本的雙璧，不但是年代最近的兩部作品，〔註 39〕其考究與詳備更無其
他譯本能出其右。書中所附的解說論文，松枝茂夫版多達五萬七千字，伊藤
漱平約爲四萬九千字，師生二人在《紅樓夢》翻譯工作的成就，令人讚佩。
以下試舉出數端伊藤漱平與松枝茂夫譯本的例子，並分析比較兩人作品有何
相同相異處：

題名的譯法，第一回題名：「甄士隱夢幻識通靈　賈雨村風塵懷閨秀」
〔註 40〕

松枝茂夫訳

甄士隱夢に通靈玉を識り

賈雨村浮世に佳人を懷う〔註41〕

伊藤漱平訳

甄士隱夢路に奇しき玉を見しること

賈雨村浮世に妙なる女を恋うること〔註42〕

松枝茂夫與伊藤漱平的譯法就有所不同，松枝茂夫的譯法接近漢文訓讀調，
爲直譯法，較爲文雅，注重字句的工整與對仗。伊藤漱平的譯法則傾向意譯，
用「奇しき」與「妙なる」爲日文的文言文法，句尾均加入了「こと」，乃體
言化條例說明的譯法。與松枝茂夫的譯法極爲不同。

另在湘雲咬舌的譯文上，兩人的譯法也有所不同。

二人正說著，見湘雲走來笑道：「二哥哥，林姐姐，你們天天一處頑，
我好容易來了，也不理我一理。」林黛玉笑道：「偏是咬舌子愛說話，
連這二哥哥也叫不出來，只是愛哥哥愛哥哥的。回來趕圍棋兒，又
該著你鬧「么愛三四五」了。」〈第二十回　王熙鳳正言彈妒意　林
黛玉俏語謔嬌音〉〔註43〕

〔註39〕 松枝茂夫的譯本於西元 1985 年完稿，伊藤漱平的譯本則於 1997 年完稿。
〔註40〕 曹雪芹原著、俞平伯校訂，《紅樓夢八十回校本》，香港：中華書局香港分局，
　　　　1975 年 1 月，冊一，目錄，頁 1。
〔註41〕 松枝茂夫訳，曹雪芹原著，《紅楼夢》，東京都：株式会社岩波書店，1972 年
　　　　5 月 16 日，冊一，目次。
〔註42〕 伊藤漱平訳，曹雪芹原作，平凡社ライブラリー《紅楼夢》，東京都：株式会
　　　　社平凡社，2002 年 10 月 21 日，冊一，目次。
〔註43〕 曹雪芹原著、俞平伯校訂，《紅樓夢八十回校本》，香港：中華書局香港分局，

松枝茂夫訳：「愛哥哥！林のお姉さま！あまたがたは毎日一緒に遊
んでいらっしゃるくせにさ、あたしが久しぶりにまいってま、ち
っともかまってくださらないのね」〔註44〕

伊藤漱平訳：「次のお兄さまと林のお姉さま、あなたがたは、くる
日もくる日もいっしょに遊んでいらっしゃるくせして。」〔註45〕

湘雲的咬舌，在原文中並沒有將「二哥哥」直接寫爲「愛哥哥」，而是讓讀者
經由黛玉之口嬌謔湘雲，才知道湘雲將「二」講爲「愛」。松枝茂夫的譯文，
直接將湘雲的話譯爲「愛哥哥」，若黛玉此時再嘲謔湘雲一次，又說「么愛三
四五」來取笑湘雲，則會使黛玉的形象變爲過度酸刻，與原著黛玉的形象不
符。伊藤漱平的譯本翻爲二哥哥，較符合原著的精神，湘雲與黛玉的形象不
會有太大的落差。由此可知，即使譯者用的是同樣的底本，也會因譯本對原
著的理解不同，而有不同的譯文。

第三節　譯本的語言表現方法

　　從中國與日本的歷史來看，日本的語言受到中國很多的影響，字源也是
由中國而來。〔註46〕漢語的多義性特徵，經過言語文字的進化，日文中只保
存了若干與中文相通的部份，但也有許多相異之處。與印歐語系的語言相比，
日文與中文是有親緣關係的語言，因此翻譯時比英譯有更多優勢。不論是保
持原作的韻味或作逐字直譯的可能性，都比其他語系的語言有更大的空間。
本節分別由譯文的實例與原作對照，探討伊藤譯本的語言表現方法。

一、成語、諺語、雙關語與方言

　　語言是小說重要的原素之一，小說中的口語，如何用跨語系的語言來表
達，是翻譯《紅樓夢》主要的困難度之一。當某個民族的文化發展到相當程

1975 年 1 月，冊一，頁 207。

〔註44〕曹雪芹原著，松枝茂夫訳，《紅楼夢》，東京都：株式会社岩波書店，1973 年
3 月，冊二，頁 287。

〔註45〕伊藤漱平訳，曹雪芹原作，平凡社ライブラリー《紅楼夢》，東京都：株式会
社平凡社，2002 年 10 月 21 日，冊二，頁 336。

〔註46〕參自：細木仁美，《身體に関する慣用表現——中国語と日本語を中心として
ー》，東吳大學日本文化研究所碩士論文，1989 年 6 月 1 日，頁 3。

度時，其語言必有文白之分。〔註 47〕《紅樓夢》是中國的白話名著，語言風格是其最大的成就，要如何準確的表達口語，除了需要對原文有極高程度的了解外。譯者還必須對日本文字與口語精研熟稔，才能確實的譯出文白及雙關等各種語言特色。

　　成語或諺語的翻譯，是翻譯工作的阻礙之一。成語與諺語皆具有極鮮明的民族文化色彩，譯者能否不拘泥於原文的束縛，通過兩種語言文化的對比，譯出原文的真正意義，〔註 48〕是譯文成功的要點。各國語言中皆有諺語，諺語大都具有兩個特色：第一是言簡意賅；第二是富有文字技巧，也就是叶韻。中國的諺語也有同樣的特色。〔註 49〕成語翻譯的處理方法，從結構上來說通常有以下數種方法：套用與譯文同義的成語；直接轉移形象；意譯法；形意皆捨等方法。但不論是何種翻譯法，若能翻得易懂順口，用另一種語言聽起來悅耳自然，平仄和諧，才能使諺語令讀者感動且能說服讀者。

　　一是採取形意皆捨法：成語的運用一般都有上下文，如果特定的語境已說明了成語的喻義，而形象又是虛設的時候，就可以把整個成語略去不譯，以求簡潔明瞭。〔註 50〕意譯法是捨棄原文的形象，翻譯時選用中性詞，譯為不帶色彩的譯法。〔註 51〕日語意譯漢語成語佔了大多數，意譯的詞語在日語中不一定就是成語，往往並非四字格。《紅樓夢》第三十二回中「卻說寶釵來至王夫人處，只見鴉雀無聞，獨有王夫人在裡間房內坐著垂淚。」〔註 52〕此句中的「鴉雀無聞」若將鴉雀直譯，會使讀者產生疑惑，因此用譯文找到最適切接近、自然的對等語，將這個內容表達出來，是最能有對等效果的譯法。以伊藤譯本為例：「さて、宝釵が奥方の王氏のもとへやってきましたところ、あたりはしいんと静まりかえり、奥方はひとり奥の間にかけたまま涙にくれているのでした。」〔註

〔註47〕 參自：張振玉，《翻譯散論》，臺北市：東大圖書股份有限公司，1993 年 6 月，頁 13。
〔註48〕 這種保證原文與譯文獲得等效，就是所謂的語用翻譯，也即等效翻譯。參自：關前進，〈等效翻譯與英漢成語的互譯〉，安徽教育學院學報（哲學社會科學版），1999 年 7 月，頁 63。
〔註49〕 同註 47，頁 43。
〔註50〕 參自：關前進，〈等效翻譯與英漢成語的互譯〉，安徽教育學院學報（哲學社會科學版），1999 年 7 月，頁 65。
〔註51〕 同註 50，頁 65。
〔註52〕 曹雪芹原著、俞平伯校訂，《紅樓夢八十回校本》，香港：中華書局香港分局，1975 年 1 月，冊一，頁 341。
〔註53〕 伊藤漱平訳，曹雪芹原作，平凡社ライブラリー《紅楼夢》，東京都：株式会

53〕此處用日文的「寂靜無聲」來翻譯「鴉雀無聲」，是譯者的精心安排，讓讀者閱讀的過程中，透過語境來辨認原文的用意。

　　另一種則爲直譯法：保留原作中的形象，在不違背語言規範，且不引起錯誤聯想的前提下，在譯文中保留源發語成語的比喻、形象、與民族色彩。對具有鮮明民族地方色彩的成語、歇後語、歷史典故人物，往往採取直譯加注或釋義辦法以保留這種色彩。第一回中石頭所言：「攜帶弟子得入紅塵，在那富貴場中溫柔鄉裡受享幾年，自當永佩洪恩。」〔註54〕的「溫柔鄉」一詞，伊藤譯本便譯爲「温柔の郷」，再於註解中提到「漢の成帝は趙合德（飛燕の妹）を寵愛してこれを「温柔郷」と称し、「われこの郷に老いなん」と語ったという。転じて、優にやさしき女人の住むところを指す。」〔註55〕因此，此處的翻譯方法則用直譯法將「溫柔鄉」直譯出來，日文的「溫柔」一詞與中文的意思相同，因此「溫柔鄉」直譯，可以讓日本讀者輕易瞭解。

　　雙關語是文字上的遊戲和語言上的幽默，利用音同意義不同的詞語，造成逗笑和出人意料的效果。《紅樓夢》中不乏雙關語，如何譯出這些雙關語，是譯本成功的一大關鍵。一般能將意義譯出，便屬難得，若能將音義皆譯出，則是可遇而不可求的成就。〔註56〕伊藤譯本的處理方式有以下各種：

　　賈府的食客詹光、單聘仁兩者之名，以漢語爲母語的讀者，自然而然能會心一笑，知曉曹雪芹安排這個名字的另一意思，這是閱讀《紅樓夢》時一種特別的樂趣。

　　父の食客の詹光・單聘仁のふたりがやってくるのに。〔註57〕
伊藤譯本於正文中，只對這兩位食客的名字加上日文漢字音讀，其餘解釋加於書末註解處。

　　詹光は沾光（人のおかげをこうむるの意）單聘仁は善騙

　　　　社平凡社，2002 年 10 月 21 日，冊四，頁 81。

〔註54〕同註 52，冊一，頁 2。

〔註55〕同註 53，冊四，頁 356。

〔註56〕參自：林以亮，《紅樓夢西遊記》，臺北市：聯經出版事業公司，1977 年 7 月，頁 25～26。

〔註57〕伊藤漱平訳，曹雪芹原作，平凡社ライブラリー《紅楼夢》，東京都：株式会社平凡社，2002 年 10 月 21 日，冊一，頁 271。

人（人をだますのが上手の意）にをれぞれ通わせたもの。〔註58〕
註中的詹光與單聘仁所加之讀音，改爲漢語讀音，其後再對照雙關語，並解
釋其意。雖然於書末附註，可以利用較多篇幅解釋，但這種譯法卻無法讓讀
者直接領略雙關語的微妙。若能於正文旁加上簡易註解，應較容易讓讀者理
解，並從中獲得閱讀的樂趣。

此種翻譯法，也用於太虛幻境演唱的十二支《紅樓夢》曲中，第二支《終
身誤》「空對著山中高士晶瑩雪，終不忘世外仙姝寂寞林。」〔註59〕裡的「雪」
雙關薛寶釵的「薛」、「林」則是林黛玉的「林」，以漢語爲母語的讀者，不必
特別加註註解，即可理解。而伊藤譯本的譯法，在薛與林二字旁特別標記，
並於書末註解加上對晶瑩雪典故的的解釋。

　　むなしくも対う　山中の高士　かかやく雪に
　　ついに忘れず　世外の仙女さびしき林を。〔註60〕

因日文的「薛」與「雪」的讀音與中文近似，故此處不必再多作解說，日本
讀者也能理解，雙關語所指的是薛寶釵與林黛玉。

《紅樓夢》中所用的是北方話，書中常見北方話特有的詞彙，今以「猴」
字爲例：「猴」字如用於動詞，作爬字解；如用作名詞，作頑童解。這個「猴」
字在《紅樓夢》多次出現，試舉三例，以了解伊藤譯本如何翻譯特有的北方
口語：

　　鳳姐笑道：「便是他們作，也得要東西，攔不住我不給對牌，是難的。」
　　寶玉聽説，便猴向鳳姐身上，立刻要牌，説：「好姐姐，給出牌子來，
　　叫他們要東西去。」〈第十四回　林如海捐館揚州城　賈寶玉路謁北
　　靜王〉〔註61〕

此處的「猴」作動詞用，是北平方言，意指側身依偎、糾纏。將寶玉的孩子
氣頑皮動作，完全表達出來，伊藤譯本也注意到此時的「猴」爲動詞，故此
處譯爲：「宝玉はそれを聞きますと、やにわに熙鳳の身体にしがみついて、

〔註58〕同註57，冊一，頁382。
〔註59〕曹雪芹原著、俞平伯校訂，《紅樓夢八十回校本》，香港：中華書局香港分局，
　　　　1975年1月，冊一，頁54。
〔註60〕伊藤漱平訳，曹雪芹原作，平凡社ライブラリー《紅楼夢》，東京都：株式会
　　　　社平凡社，2002年10月21日，冊一，頁177。
〔註61〕曹雪芹原著、俞平伯校訂，《紅樓夢八十回校本》，香港：中華書局香港分局，
　　　　1975年1月，冊一，頁138。

すぐにも割符をたせとばかりにせがみます。」〔註62〕若轉譯爲中文爲：「寶玉聽了之後，突然緊緊抱住鳳姐的身體，立刻討著要對牌。」伊藤譯本將「猴」字譯爲突然緊緊抱住，則與寶玉撒嬌的原意有所差距，不但沒譯出寶玉孩子氣的表現，也容易引起讀者對寶玉與鳳姐兩人關係的疑惑。

　　另外，「猴」字也當名詞用，但伊藤譯本的譯法，也因譯文的語境而稍有不同。如第二十四回：

　　　只見焙茗鋤藥兩個小廝下象棋，爲奪車正拌嘴。還有引泉、掃花、挑雲、伴鶴四五個，又在房簷上掏小雀兒頑。賈芸進入院內，把腳一跺，說道「猴頭們淘氣，我來了。」（〈第二十四回　醉金剛輕財尚義俠　癡女兒遺帕惹相思〉）〔註63〕

此處是指小廝們淘氣開玩笑。因爲賈芸是男性，喊小廝們「猴頭們」，除了有玩笑成份，還含有上對下的語氣。而當賈母也叫王熙鳳「猴兒」時，長輩對小輩寵溺的語氣則躍然紙上：

　　　鳳姐湊趣笑道：「一個老祖宗給孩子們作生日，不拘怎樣，誰還敢爭，……，難道將來只有寶兄弟頂了你老人家上五臺山不成！那些體己，只留與他。我們如今雖不配使，也別苦了我們。這個殼酒的，殼戲的！」說的滿屋裡都笑起來。賈母亦笑道：「你們聽聽這嘴。我也算會說的，怎麼說不過這猴兒。你婆婆也不敢強嘴。」（〈第二十二回　聽曲文寶玉悟禪機　製燈謎賈政悲讖語〉）〔註64〕

語氣中除了賈母對鳳姐口才的欣賞，在中國文化中，「猴」代表靈活聰敏且容易得意忘形的形象。賈母用來形容鳳姐最恰當不過！

　　賈芸所說的「猴頭們」譯爲：「こりゃ、猿どもめゝ喂，猴兒們；〔註65〕而賈母口中的「猴兒」則譯爲：「このお猿さん」〔註66〕這個猴爺兒，語氣中加了敬語。此二處的譯文皆恰如其份。賈芸的「猴頭們」斥喝中帶著玩笑成份，因此伊藤譯本加了個「喂」字，可以表達賈芸的語氣。而賈母的猴兒就有點寵

〔註62〕同註60，冊二，頁108。
〔註63〕曹雪芹原著、俞平伯校訂，《紅樓夢八十回校本》，香港：中華書局香港分局，1975年1月，冊一，頁244。
〔註64〕同註63，頁218。
〔註65〕伊藤漱平訳，曹雪芹原作，平凡社ライブラリー《紅楼夢》，東京都：株式会社平凡社，2002年10月21日，冊三，頁140。
〔註66〕同註65，冊三，頁52。

愛後輩的調笑語氣，因此日譯本的譯法頗爲傳神。

　　當李貴引經據典，卻又講出錯誤句子時，產生了笑話的效果，引得眾人大笑：「嚇得李貴忙雙膝跪下，⋯⋯，又回說：『哥兒已念到第三本詩經，什麼「呦呦鹿鳴，荷葉浮萍」。小的不敢撒謊。』」〔註67〕李貴的荷葉浮萍是隨口胡說，但卻有著最微妙且符合的平仄押韻，伊藤譯本譯爲：

　　　若様にはもう三冊目の『詩経』のええとその、たしか『ウウとし
　　　か（鹿）はな（鳴）き、の（野）のうさぎ（兎）をは（食）む』
　　　というへんまでお進みになりました。〔註68〕

此處原文爲「呦呦鹿鳴、荷葉浮萍」，是按《詩經》的原句：「呦呦鹿鳴，食野之萍」所改。這是出於《小雅・鹿鳴》，賈政與眾清客自幼飽讀古書，自然一聽就知道錯了。現代的中國讀者雖對《詩經》已不如古代文人那般嫻熟。但《詩經》名列中國五經之一，人們經常引用，比冷癖典故出處要容易記憶，有一定國學修養的人，也必定能心領神會，覺得好笑。但如何讓跨文化的讀者理解並覺得好笑，對譯者而言是一道難題。〔註69〕此處譯文讀爲「食野之兔」頗爲詼諧，因爲鹿並非肉食，譯文也能帶來與原文近似的趣味，可見伊藤漱平的精心安排。

　　另外此句原文中：李貴稱賈寶玉爲「哥兒」；因爲寶玉是李貴的奶兄弟，這是李貴對寶玉的特別稱呼，其餘小廝如茗煙等人，皆稱呼寶玉爲「二爺」，〔註70〕因此若能譯出這點，必定能更貼近原著。伊藤譯本將之譯爲「若様」，如此一來，李貴對寶玉的稱呼則與書中其他小廝相同，是伊藤譯本中較爲可

〔註67〕曹雪芹原著、俞平伯校訂，《紅樓夢八十回校本》，香港：中華書局香港分局，1975 年 1 月，冊一，頁 94。

〔註68〕伊藤漱平訳，曹雪芹原作，平凡社ライブラリー《紅楼夢》，東京都：株式会社平凡社，2002 年 10 月 21 日，冊一，頁 309。

〔註69〕參自：趙建忠，《紅學管窺》，長春市：吉林人民出版社，2001 年 12 月 1 日，附錄〈紅學信息・傳播〉。

〔註70〕茗煙因問：『二爺爲何不看這樣的好戲？』寶玉道：『看了半日，怪煩的，出來逛逛就遇見你們了。這會子作什麼呢？』⋯⋯『這會子沒人知道，我悄悄的引二爺往城外逛逛去，一會子再往這裡來，他們就不知道了。』第十九回〈情切切良宵花解語　意綿綿靜日玉生香〉，參自同註67，冊一，頁 188。另有一例：茗煙站過一邊。寶玉掏出香來焚上，含淚施了半禮，回身命收了去。茗煙答應著，且不收，忙爬下磕了幾個頭，口內祝道：『我茗煙跟二爺這幾年。』第四十三回〈閒取樂偶攢金慶壽　不了情暫撮土爲香〉參自：同書，冊二，頁 462。以上茗煙稱寶玉皆用「二爺」。

惜，疏漏之處。

　　曹雪芹將民間俗語加工改造，使得《紅樓夢》的詞藻並無特別華麗，與日常生活一樣樸素。卻因書中人物使用這些民間俗語，而使得人物形象更加生動。對於俗語的翻譯方式，伊藤譯本通常會用日文中接近或類似的諺語，隨文附註。如「瘦死的駱駝比馬大」:『瘦せ死んだ駱駝だとて馬よりでかい』（腐っても鯛〔註 71〕）〔註 72〕原本上等的東西，就是腐壞了，它的價值也不會失去。是與「瘦死的駱駝比馬大」有異曲同工之妙的諺語。

　　又如寶玉挨打之後的一段文字:「賈母聽了，笑道:「猴兒，把你乖的！拿著官中的錢你做人。」〔註 73〕此處的「拿著官中的錢你做人」譯為『公金で人をもてなす』（人の牛蒡で法事する〔註 74〕），〔註 75〕指的是用別人的東西來增進自己的利益，與原文的意義相同。

二、常用的表現方法

（一）特殊名稱譯法

　　對譯者來說，第一回中對書名的介紹是最困難的部份。如何讓讀者理解《紅樓夢》、《石頭記》的不同與差別。及第一回中「大荒山」、「無稽崖」、「青埂峰」這些地名，是曹雪芹匠心獨具所取的名稱，如何譯得恰如其份，是最能看出譯者技巧與用心的地方。

　　伊藤漱平為了不破壞譯文的完整，將這些名稱原文加上讀音，再加上簡單的隨文附註，也於書末加了詳細的註釋。平凡社ライブラリー《紅楼夢》冊一的凡例中，對譯注的寫法有以下的原則:「訳注は、短いものを括弧でくくって本文中に挿入したほかは各冊末尾にまとめて置いた。」〔註 76〕這是中文與日文在漢字上，和其他語言不同的地方。如:「『石頭記<ruby>せきとうき</ruby>』（荒岩の物語）」

〔註71〕本来上等なものは、たとえ腐ってもその品格を失わない。參自：CASIO EX-WORD XD-S5000 電子辞書・大辞泉。

〔註72〕伊藤漱平訳，曹雪芹原作，平凡社ライブラリー《紅楼夢》，東京都：株式会社平凡社，2002 年 10 月 21 日，冊一，頁 229。

〔註73〕曹雪芹原著，俞平伯校訂，《紅樓夢八十回校本》，香港：中華書局香港分局，1975 年 1 月，冊一，頁 264～265。

〔註74〕他人のものを利用して自分の利益になるようなことをする。參自：同註71。

〔註75〕同註 72，冊四，頁 158。

〔註76〕伊藤漱平訳，曹雪芹原作，平凡社ライブラリー《紅楼夢》，東京都：株式会社平凡社，2002 年 10 月 21 日，冊一，凡例。

〔註77〕在《石頭記》的原文上加上讀音，隨文附註爲「荒地岩石的故事」。先用淺顯易懂的解釋，讓讀者了解「石頭記」之內容，是與一個在荒地的岩石有關的故事。在書後的附註，再用更清楚的解釋「石頭記」一詞的前因後果，第一回的註二十二中寫道：

> 石頭記「石頭」は俗語で石の意。從ってこの題名は石（岩）の上に記されてあった物語（Record on a Stone）—岩の下界見聞記を意味する。また下界に降って岩（通靈玉）とこれを見に佩びこれに象徵される賈宝玉の周圍に起こった出來事の物語（Tale of a Stone）をも意味しよう。さらにいえば『水滸伝』が水の滸り梁山泊の好漢たちの物語を意味するのに對し、石の頭り大観園の佳人たちの物語の意味に讀めぬこともない。なお作中人物たちともゆかりの深い金陵城（いまの南京市）のことを、古來一名「石頭城」と呼んだのにも利かせてあろう。〔註78〕

註中先說明「石頭記」這個題名的原意：因爲這個故事是被記在石頭上；另也意味著，佩帶通靈寶玉的主人公，賈寶玉四周所發生的故事。伊藤漱平還認爲，這個題名可能意謂著，住在石頭所築的大觀園中佳人們的故事，正巧對應了《水滸傳》中，梁山泊好漢們的故事。另外，與書中人物有極深淵源的金陵城，也就是現今的南京城，自古以來就叫「石頭城」有關。這幾項見解都是較爲少見的研究成果；但如此仔細的註釋，對一般讀者而言，會是一種負擔。因此伊藤漱平利用隨文附註先讓讀者了解基本的意義，若讀者想更進一步理解，可見書末的註釋。此種譯註法，不但可以保持譯文的順暢，也可以將自己的研究成果在後註中清楚的表達。其他如：「『紅楼夢』（くれないの高楼の夢）」〔註79〕隨文附註爲「紅色高樓之夢」，純粹依字面翻譯，簡明扼要。「『金陵十二釵』（南京十二佳人）」，〔註80〕金陵與釵的意思，對外國讀者而言是較爲難懂的名詞。因此將金陵替換爲「南京」，釵則用最簡易但頗爲貼切的「佳人」來解釋。再於後註中推想曹雪芹取此「十二釵」的發源，可能來自白居易贈牛僧孺之五言律詩，「酬思黯戲贈」中所提到之

〔註77〕 同註 76，頁 28。
〔註78〕 同註 76，頁 358～359。
〔註79〕 同註 76，頁 29。
〔註80〕 同註 79。

「金釵十二行」一句〔註81〕。「『女媧氏』（神話時代の女帝）」，日文中有所謂的神話時代，指的是在歷史時代之前，以神話傳世的時代。古代各族都有相同的神話傳說時代，因此這種譯法亦與中國的神話時代同義。女媧正是中國神話時代的女神〔註82〕。「『無稽崖』（でまかせ谷）」無稽的意思，在英譯中很難找到近似的詞來翻譯，但用日文「でまかせ」〔註83〕信口開河一詞，適切的表現出來。「『青埂峰』（あだなさけ峰）」〔註84〕青埂峰的青埂二字只是字面的意思，更深一層的意思則是「情根」。甲戌本脂硯齋評語中便說：「妙！自謂落墮情根，故無補天之用。」〔註85〕如何將具有兩層意思的「青埂峰」翻譯出來，是譯者所需面對的考驗。伊藤譯本將之譯爲「徒勞戀情之峰」，伊藤漱平將「情根」之意思更推進一層，用《紅樓夢》中無奈之情來解釋「情根」二字，而脂評所言之內容，則置於書末的註釋。

世界各民族語言，表達顏色的詞語多寡不同，但皆會有個基本詞彙的範疇。漢語已分辨出「紅、黃、藍、白、黑、綠、灰、紫、棕、褐、橙」等，約十一種色彩。〔註86〕再以這些顏色爲詞根，構成許多顏色詞，或以名詞修飾、或用形容詞修飾。《紅樓夢》中對顏色的描寫有其獨特的魅力，不論是布料、花草樹木的顏色，用詞都是獨創，或是中國文化累積的藝術成就。對日譯者而言翻譯《紅樓夢》中的顏色詞，也是一項困難的工作：

> 賈母笑道：「你能夠活了多大，見過幾樣沒處放的東西，就說嘴來了。
> 那個軟煙羅只有四樣顏色：一樣雨過天青，一樣秋香色，一樣松綠

〔註81〕唐の白居易が牛僧孺に贈った五律「酬思黯戲贈」詩には六人を指した「金陵十二釵」の句が見え、共に歌妓を指している。作者の發想に影響したかはわからない。參自：同註76，冊一，頁359。

〔註82〕「神代」，歷史の始まる前の神話で伝えられている時代。神話時代。參自：三省堂大辞林第二版「神代」條。「神代」神話時代。日本では天地開闢（かいびゃく）から神武天皇即位までの神が支配していたという時代。參自：CASIO EX-WORD XD-S5000 電子辞書・大辞泉。「神代」條。

〔註83〕「でまかせ」出任せ，口から言葉が出るに任せること。簡單譯爲中文，便是信口開河之意，參自：三省堂大辞林第二版「でまかせ」條。

〔註84〕伊藤漱平訳，曹雪芹原作，平凡社ライブラリー《紅樓夢》，東京都：株式会社平凡社，2002年10月21日，冊一，頁18。

〔註85〕曹雪芹，《乾隆甲戌本脂硯齋重評石頭記》，臺北市：胡適紀念館，1975年12月十七日，頁5。

〔註86〕王卉，〈淺析現代漢語顏色詞的構成、分類及特點〉，語文月刊，2005年第一～二期

的，一樣就是銀紅的。若是做了帳子，糊了窗屜，遠遠的看著，就似煙霧一樣。」〔註87〕

鶯兒道：「汗巾子是什麼顏色的？」寶玉道：「大紅的。」鶯兒道：「大紅的須是黑絡子纏好看，或是石青的纏壓的住顏色。」寶玉道：「松花色配什麼？」鶯兒道：「松花配桃紅。」寶玉笑道：「這才嬌豔。再要雅淡之中帶些嬌豔。」鶯兒道：「蔥綠柳黃，我是最愛的。」〔註88〕

兩段文字中，提到的顏色，伊藤譯本分別譯爲：

「雨過天青」：雨上がりの空の青い色

原本「雨過天青」便不是形容顏色常用的形容詞，曹雪芹借用來形容青色，因此日譯本也依文字直譯爲「雨後天空的青色」。

「秋香色」：秋香色（黃褐色）

秋香色在清朝被當作朝服制式的顏色之一，因此秋香色在《紅樓夢》一書中也出現數次。秋香色是樹葉枯黃時落葉的顏色，日文中並無此顏色詞，因此伊藤譯本於譯文之後加上隨文註黃褐色。

「石青」：扁　青（へんじょう）

「石青」是「扁青」的別名，也是一種礦物的名稱，可拿來入藥。扁青較常出現於藥學典籍之中，因此對日本讀者而言，應比石青更爲易懂。

「松綠」：松緑色；「銀紅」：銀紅色；「柳黃」：柳黃；「桃紅」：桃紅

以上數種顏色皆依原文翻譯，因爲讀者可以從松、銀、柳，桃等字來想像所欲表達的顏色。

「松花」：松花（うすかき）

松花色也就是淺黃綠色，在漢字的讀音上寫上「うすかき」，〔註89〕此爲漢字訓讀譯法，「うすかき」就是薄柿色，柿子剛染上黃色的顏色，也就是黃綠色。

「蔥綠」：葱緑（もえぎ）

在日本也沒有這個蔥綠色這個顏色詞，因此伊藤譯本在漢字上加上讀音「も

〔註87〕曹雪芹原著、俞平伯校訂，《紅樓夢八十回校本》，香港：中華書局香港分局，1975 年 1 月，冊一，頁 422。

〔註88〕同註 84，冊一，頁 370。

〔註89〕柿渋で染めた薄い赤茶色。薄柿色。また、その色をした帷子（かたびら）。柿子剛染上薄薄的紅茶色。參自：CASIO EX-WORD XD-S5000 電子辭書・大辞泉。

えぎ」萌え木，〔註90〕意謂剛冒出新芽的綠色，正與中文的葱綠色相符。爲了讓讀者由熟悉的日文顏色詞，來想像中文顏色詞，此種譯法可以讓讀者快速理解並接受。

　　　「大紅」：緋色〔註91〕

日文中，緋色所指的便是明亮濃烈的大紅色。

（二）人名之譯法

　　在漢字文化圈的韓國或日本，一般都利用漢字原文或漢字發音來翻譯人名。〔註92〕因此對《紅樓夢》中人名之譯法，伊藤譯本利用日文中漢字之便，在人名旁加上讀音，此種標音方法稱爲「音讀」，如：賈宝玉（かほうぎょく）、林黛玉（りんたいぎょく）、王熙鳳（おうきほう），亦有爲了讓讀者易懂，而有少數修改的人名，如：妙玉則改譯爲「妙玉尼」，強調其與十二金釵閨閣女子不同的身份；賈母改譯爲「賈之後室（史氏）」，日本稱貴族之未亡人爲「後室」，賈母爲寡婦，故譯爲賈之後室。其他如王夫人、刑夫人等，譯爲「奥方の王氏」、「奥方の刑氏」，「奥方」指的是貴族之妻，而趙姨娘則譯爲「側室の趙氏」。如此的譯法讓讀者易於分辨，不至混淆。譯者最常混淆的人名如：姨媽與姨娘，〔註93〕薛姨媽便譯爲「薛未亡人」，與趙姨娘則有所分別。〔註94〕若遇如「甄士隱」諧音眞事隱、「賈雨村」諧音假語存等，隱有另一種深意的人名時，伊藤譯本的處理方法，是於漢字旁加上音讀，於書後註中仔細解釋。

　　在主要人物表中，林黛玉的介紹爲這個小說的女主人公。〔註95〕如此一來，可將故事的主軸用林黛玉與賈寶玉的戀情來突顯。不但便於翻譯，也可

〔註90〕若芽の萌え出た木。樹木長出嫩芽。參自：三省堂大辞林第二版「もえぎ」條。

〔註91〕濃く明るい赤色。深紅色。緋。深紅色。スカーレット。あけ。濃烈明亮的紅色，深紅色皆稱爲緋色。參自：三省堂大辞林第二版「大紅」條、參自：CASIO EX-WORD XD-S5000 電子辞書・大辞泉。

〔註92〕崔溶澈，〈《紅樓夢》翻譯本及其翻譯方法〉，國立嘉義大學中國文學系所編，〈第二屆中國小說戲曲國際研討會論文集〉，嘉義縣：國立嘉義大學中國文學系所編，2005 年 4 月 9～20 日，頁 14。

〔註93〕以霍克思英譯本爲例，霍譯本中「姨娘」與「姨媽」不分，是一項疏漏。參自：賴慈芸，《也談紅樓夢人名英譯》，明道文藝，1995 年 2 月 1 日，頁 74。

〔註94〕人名參自：伊藤漱平訳，曹雪芹原作，平凡社ライブラリー《紅楼夢》，東京都：株式会社平凡社，2002 年 10 月 21 日，冊一，主要人物表，頁 11～14。

〔註95〕同註 94，冊一，主要人物表，頁 I。

簡化複雜的人物關係，並使讀者接受度增高，更容易引起讀者共鳴。伊藤漱平在翻譯時加入譯者的主觀意識，可以由此看出。

（三）稱謂之譯法

《紅樓夢》的稱謂，不但表示了相互間的關係，也標明了人與人之間的長幼、尊卑、親疏、嫡庶等關係，絲毫不可混淆。如：賈寶玉與探春兄妹，皆稱賈政爲「老爺」而非「父親」。賈政與王夫人等晚輩，都稱賈母爲「老太太」而非母親。〔註 96〕這是漢語的特色，這種特色是自古以來文化的累積所形成。譯者該如何拿捏其中的分寸，稱謂的運用是否得體，是譯本能否成功的關鍵。同樣是「老爺」、「太太」、「姐姐」、「妹妹」等稱謂，漢語文化背景的讀者，對《紅樓夢》中那些具有濃厚漢語傳統文化色彩的稱謂，可以自然的理解其稱謂角色的變換，絕不會錯認爲其他角色。但如何用另一種語言，準確的翻譯出這些稱謂，又要保留稱謂在原始語言中的文化內涵，且符合譯語的傳統習慣，是一個困難且棘手的問題。〔註 97〕

伊藤譯本中對「老爺」這個稱謂的譯法，採取因應各種情況，變更譯法的方式。在舊時，「老爺」一詞的用法很廣泛，可用於對官紳的敬稱、僕人對主人的敬稱、妻子對丈夫的敬稱等。伊藤譯本爲了讓日本讀者更準確分辨「老爺」一詞，而有以下各種譯法：

> 門子聽了，冷笑道：「老爺說的何嘗不是，但只如今世上是行不去的。豈不聞古人云。」（〈第四回　薄命女偏逢薄命郎　葫蘆僧亂判葫蘆案〉）〔註 98〕

> 小姓はそれを聞いて冷笑するかのように「お殿様の仰せはしごごもっとも。」〔註 99〕

此處的「老爺」指賈雨村，此時賈雨村在應天府上任。在漢語中，老爺可以用在對有身份地位的男子之稱呼。因此伊藤譯本便譯爲「お殿様」お殿様是對成年男子的尊稱，因此此處的翻譯，既配合日語使用之習慣，又能傳達出

〔註 96〕路東平，〈略談《紅樓夢》中稱謂的使用及其翻譯〉，社科縱橫，1999 年第二期，頁 86。

〔註 97〕同註 96，頁 86。

〔註 98〕曹雪芹原著、俞平伯校訂，《紅樓夢八十回校本》，香港：中華書局香港分局，1975 年 1 月，冊一，頁 40。

〔註 99〕伊藤漱平訳，曹雪芹原作，平凡社ライブラリー《紅樓夢》，東京都：株式会社平凡社，2002 年 10 月 21 日，冊一，頁 135。

原文所指之本意。

> 探春因說道：「這幾天老爺可曾叫你？」寶玉笑道：「沒有叫。」(〈第
> 二十七回　滴翠亭楊妃戲彩蝶　埋香塚飛燕泣殘紅〉) 〔註100〕

> 探春がそこでいいます。「近頃、父上からお呼び出しがございまし
> て？」「いいや、お呼び出したなんて。」〔註101〕

探春與寶玉，稱呼賈政時都稱「老爺」，這是對父親這個地位有距離且敬畏的
稱呼。伊藤將之譯爲「父上」正是對父親的敬稱，恰好可以適切的表達出，
寶玉與探春二人對賈政的敬意與親子關係。

> 寶玉如得了珍寶，便趕上來拉他，說道：「快進去告訴，老爺要打我
> 呢。快去，快去。要緊，要緊。」〈第三十三回　手足眈眈小動唇舌
> 不肖種種大承笞撻〉〔註102〕

> 「さ、早く奧へ走ってお知らせするのだ、父上がわたしを打擲な
> さるとな。ささ、早く、早く！」〔註103〕

寶玉向老傭人求救時，所稱的老爺應是針對他對僕人所說的話，以聽話人的
身份爲主。伊藤譯本的譯法，將寶玉這個說話人的身份獨立出來，就像是獨
白一般，稱呼「父上」父親，忽略了聽話之僕人的身份。若能譯爲「旦那さ
ん」等用來稱呼家中主人的稱謂，應更能突顯此句對話中，寶玉與老傭人身
份的差距，以及講話人與聽話人的主從關係。

> 王夫人哭道：「寶玉雖然該打，老爺也要自重。況且炎天暑日的，老
> 太太身上也不大好。」〈第三十三回　手足眈眈小動唇舌　不肖種種
> 大承笞撻〉〔註104〕

> 奧方は泣きながらも「寶玉にはお打ちになるだけのことがござい
> ましょうけれど、殿にもなにとぞご自重のほどを。」〔註105〕

〔註100〕曹雪芹原著、俞平伯校訂，《紅樓夢八十回校本》，香港：中華書局香港分局，
　　　　1975年1月，冊一，頁280。
〔註101〕伊藤漱平訳，曹雪芹原作，平凡社ライブラリー《紅楼夢》，東京都：株式会
　　　　社平凡社，2002年10月21日冊三，頁252。
〔註102〕同註100，頁346。
〔註103〕同註101，冊四，頁96。
〔註104〕曹雪芹原著、俞平伯校訂，《紅樓夢八十回校本》，香港：中華書局香港分局，
　　　　1975年1月，冊一，頁347。
〔註105〕伊藤漱平訳，曹雪芹原作，平凡社ライブラリー《紅楼夢》，東京都：株式会
　　　　社平凡社，2002年10月21日，冊四，頁99。

此處的「老爺」，原就用於妻子對丈夫的尊稱，但稱謂中又有對賈政些許不滿的表現。〔註106〕伊藤譯本此處用「殿」這個用於成年男子的尊敬卻又顯得疏遠的稱謂，正可以表達出，此時王夫人對賈政痛打寶玉的不滿心情，是很適當的譯法。

再以譯本中，對「太太」這個稱謂的譯法爲例：太太這個稱謂，通常是丈夫稱妻子、對已婚婦女的尊稱、僕人稱女主人等。在《紅樓夢》中，這個稱謂也用於對母親的尊稱。同樣是「太太」這個稱謂，伊藤譯本的譯法也有數種：

> 寶玉笑道：「太太不知道這緣故。寶姐姐先在家裡住著。」〈第二十
> 八回　蔣玉菡情贈茜香羅　薛寶釵羞籠紅麝串〉〔註107〕

> と、奧方。宝玉は笑いながら、「母上は仔細をご存じないからです
> よ。宝釵お姉さまは以前お家にいらした時分でも。」〔註108〕

在《紅樓夢》中，寶玉、探春等人對王夫人的稱呼都是「太太」，並不直呼母親。但於譯本中，多次將寶玉對王夫人的稱呼譯爲「母上」，這個對母親的尊稱。如此一來，寶玉對母親的尊敬可以清楚表達，同時考慮了王夫人與寶玉的母子關係，及寶玉的尊敬之意，也更容易讓日本讀者接受。

> 便命人：「看轎馬！我和你太太寶玉立刻回南京去。」〈第三十三回
> 手足眈眈小動唇舌　不肖種種大承笞撻〉〔註109〕

> 「轎と馬の仕度をするように。わしと奧方と宝玉とで、即刻南京
> へたちもどるのだから」〔註110〕

原文中賈母對王夫人稱呼「你太太」，主要是對賈政表達不滿之意，而譯本中並未譯到你太太一詞，僅譯出了「奧方」「太太」。如此一來，便不符賈母氣極對賈政說話的情境。

> 襲人笑道：「太太別生氣，我就說了。」〈第三十四回　情中情因情

〔註106〕參自：路東平，〈略談《紅樓夢》中稱謂的使用及其翻譯〉，社科縱橫，1999年第二期，頁87。

〔註107〕同註104，冊一，頁289。

〔註108〕同註105，冊三，頁275。

〔註109〕曹雪芹原著、俞平伯校訂，《紅樓夢八十回校本》，香港：中華書局香港分局，1975年1月，冊一，頁348。

〔註110〕伊藤漱平訳，曹雪芹原作，平凡社ライブラリー《紅樓夢》，東京都：株式会社平凡社，2002年10月21日，冊四，頁103。

感妹妹　錯裡錯以錯勸哥哥〉〔註111〕

　　「奧方さまがご立腹なさらなければ、申し上げますが。」〔註112〕
襲人是個丫頭，雖然同樣稱王夫人爲「太太」，但其中的敬畏之意便與上述幾
例不同。因此伊藤譯本將之譯爲「奧方さま」，充份表現出襲人的卑微神態，
與主僕之間的身份差距，也很適合王夫人的身份。

　　除了老爺與太太這兩個稱謂，其他如姐姐、妹妹、哥哥等稱謂，在譯本
中都要因應情節、譯語的習慣並考慮讀者的理解度，再做適度的翻譯。或於
註釋中詳細解說人物之間的關係，以免讀者產生誤解。中國的稱謂詞自古延
襲下來，最富文化特色的語言現象，稱謂多且複雜，錯置不得。這與其他語
系有極大的差別，以日文的「從兄弟」與「從姉妹」爲例：從兄弟泛指所有
堂兄弟與表兄弟，而從姉妹泛指的則是堂姐妹與表姐妹。稱謂詞的翻譯，實
際上就是文化的轉移，如何在中日兩種文化中尋找共同點，彌合其中的差別，
是譯者所必須做的工夫。

三、韻文之翻譯方法

　　翻譯中文以文學作品爲較難，文學作品中以詩爲尤難，詩的翻譯又以中
國古典詩爲最難。因爲詩是精鍊的語言，必須有音樂美，要合乎平仄，不能
像散文般自由冗長。中國古典詩和所有詩作一樣，可以從內容和形式兩方面
來講；而事實上內容與形式無法硬生生劈分爲二。中國古典詩往往意在言外，
它的絃外之音只可意會不能言傳。譯者們爲了能譯好韻文，採用的方法不外
乎用散文來解詩、譯成現代自由詩兩者。〔註113〕韻文是中國特有具有節奏的
句子、簡短的內容包含著典故與文化，譯文需要如何表達，是譯者翻譯中國
文學作品最大的挑戰。譯者必須對原詩有理解及感受的能力，但也必須將譯
文用詩的方式表達出來。所以譯者除了對原文能掌握外，母語的表達能力也
是基本的要素。

　　《紅樓夢》有部份詩文與情節皆相互融和，若略去不看，便會弄不清後
面的情節。以十二金釵判詞爲例，曹雪芹利用這些韻文，預先隱寫了人物的

〔註111〕同註109，冊一，頁354。
〔註112〕同註110，冊四，頁124。
〔註113〕參自：林以亮，《紅樓夢西遊記》，臺北市：聯經出版事業公司，1977年7月，
　　　　頁94。

命運，並暗示了一些故事情節的進展，當然其中也蘊涵著對一些人物的態度。〔註114〕這也是閱讀《紅樓夢》時的最大樂趣，若譯文無法譯出、或無法讓讀者接受，則會使譯文失色許多。

伊藤漱平於譯本第一冊凡例中提及：「詩歌および各回の回目は雅言訳を試みが、仮名遣いのみ便宜上現代的表記によった。」〔註115〕表示譯本中詩歌及各回回目都用雅言來翻譯，而假名則以方便為由，使用現代的用法。

雅言是指一種洗練優美的文字，特別是指和歌及假名文所使用的文字。雅言是在日本平安朝時期興起，和歌原本只是老百姓抒發心情的文體。爾後進入平安朝後，因為漢詩文的衰退，假名文學的興盛才漸漸為王公貴族接受。為了與過往升斗小民的俗文學作區隔，這個時期所沿用在和歌中的文字，才被後世學者稱為雅言。因此雅言只是使用在此時期和歌與假名文學中的文字，因為優美、典雅、上品，才稱為「雅言」。〔註116〕

日譯本對典故的處理精細嚴謹，畢竟中日兩國的文化較為接近，於註中加上典故的解說即可讓讀者了解，較英美等語系的國家簡單。

以〈金陵十二釵正冊〉中，寶釵與黛玉的判詞為例：

可嘆停機德，堪憐咏絮才。

玉帶林中掛，金簪雪裡埋。〔註117〕

句中的「停機德」的典故是出於《後漢書‧列女傳》，此處用來指薛寶釵有與樂羊子妻相同，勸諫丈夫讀書上進的婦德，可惜徒勞無益，曹雪芹意欲表達其對薛寶釵這樣的婦德並不十分欣賞。而「咏絮才」典出《世說新語‧言語》，用才女謝道韞，感嘆林黛玉的卓絕才華。〔註118〕這種作者隱藏在典故中的深意，伊藤漱平充份理解之後，如此翻譯：

〔註114〕參自：趙建忠，《紅學管窺》，長春市：吉林人民出版社，2001 年 12 月 1 日，附錄〈紅學信息‧傳播〉。

〔註115〕伊藤漱平訳，曹雪芹原作，平凡社ライブラリー《紅楼夢》，東京都：株式会社平凡社，2002 年 10 月 21 日，冊一，凡例。

〔註116〕參自：蔡華山，《日本文學史》，臺北市：蔡華山發行，1981 年 4 月十八日，頁 46～48；高木市之助編，《岩波小辞典——日本文学——古典》，東京都：株式会社岩波書店，1967 年 3 月 10 日，頁 190～191。

〔註117〕曹雪芹原著、俞平伯校訂，《紅樓夢八十回校本》，香港：中華書局香港分局，1975 年 1 月，冊一，頁 50。

〔註118〕參自：趙建忠，《紅學管窺》，長春市：吉林人民出版社，2001 年 12 月 1 日，附錄〈紅學信息‧傳播〉。

　　機をとどめしかの徳

　　柳絮を詠みしかの才

　　玉帯は林にかかりて

　　金釵は雪にうずもる〔註119〕

先於譯文中，將有諧音的字標示上記號，再於附註中詳細解說。註解譯為中文如下：「此判詞的是薛寶釵與林黛玉合併，停機德乃是後漢樂羊子之妻為了勸諫自己不向學的夫君，而斷然將織紡機上的布剪斷，用來比喻寶釵之德。詠絮才則是指晉之謝道韞，將飛舞於空中的雪比擬為「柳絮因風起」的故事。比喻黛玉之才。詩中的玉帶則為林黛玉、雪裡埋的金釵則為薛寶釵之同音表示。」〔註120〕將停機德與詠絮才的典故，仔細於註中解說。而其餘紅學家的推測，如前文提及曹雪芹安排停機德與詠絮才的另一層深意、與玉帶林中掛及金簪雪裡埋，是暗示之後林黛玉與薛寶釵的結局。這些伊藤漱平並沒寫入註中，以免影響讀者閱讀的連貫性與順暢度。

　　《紅樓夢》各種日譯本，對〈好了歌〉的譯法多有不同。內容、與歌名的譯法；如何音義二者兼顧，且合乎原作歌詠抑揚頓挫的特色，是值得注意的幾點。〔註121〕好了歌是跛足道人唱的歌謠，具有民間文學的特色，伊藤譯本的譯文如下：

　　たれも成りたや　仙人さまには

　　さりとて出世捨てきれぬとはとど

　　大臣に大将　いずこへ失せたか

〔註119〕伊藤漱平訳，曹雪芹原作，平凡社ライブラリー《紅楼夢》，東京都：株式会社平凡社，2002 年 10 月 21 日，冊一，頁 164。

〔註120〕「薛宝釵と林黛玉とを併せとみこんだもの。機をとどめし徳とは、後漢の楽羊子の妻が学なかばにして帰った夫を諫めようと、鋏をもって機のもとにはしり、これを断つも同然だといった故事。宝釵の徳にたとえる。柳絮を詠みし才とは、晋の謝道韞が雪の舞うさまを「柳絮の風によりて起これる」と詠んだ故事。黛玉の才にたとえたもの。詩の前の絵と詩中の林にかかった玉帯、雪に埋もれた金釵は、それぞれ黛玉と宝釵とを表わす。」伊藤漱平訳，曹雪芹原作，平凡社ライブラリー《紅楼夢》，東京都：株式会社平凡社，2002 年 10 月 21 日，冊一，頁 373〜374。

〔註121〕以富士正晴與武部利男合譯之《紅樓夢》為例，「好」、「了」二字分別譯為「れど」「切れない」，而詩名則譯為「良い切れの歌」。參自：曹雪芹原作，富士正晴、武部利男訳，カラー版世界文学全集《紅楼夢》，東京都：株式会社河出書房，1968 年 8 月 15 日，頁 8。

草ぼうぼうの　塚荒れほうだい

たれも成りたや、仙人さまには

さりとて金銀も捨てきれぬとは

朝から晩まで　たりぬたりぬで

たりた頃には　その目が閉じる

たれも成りたや　仙人さまには

さりとて女房も捨てきれぬとは

生あるうちこそ　情の見せ場よ

死んだか切れ目　尻をば見せる

たれも成りたや　仙人さまには

さりとて孫子も捨てきれぬとは

親馬鹿殿なら　掃くはどあれど

孝行息子の　やれ顔見たきもの〔註122〕

此詩對仗工整，用日文唸來音律合諧。伊藤漱平將原文的「好」、「了」二字
譯爲日文的「には」、「とは」，には通常用於句中連接語氣，而とは則用於文
末有語氣加強之意。正可符合原文中，「好」與「了」二字之語意。如此的句
式有民間文學歌謠體的特色。伊藤漱平亦藉著「好了歌」後，道人的話對自
己的譯法有所解讀。〔註123〕再將詩名譯爲「にはとはづくし」，意思是「道盡
『好』與『了』二字的一首歌」。譯本在書末的註釋中，對原文的形式做了交
待：「原文「好了歌」。この詩の原文が一、五、九、十三の各行の末は「好」
の字で終わり、二、四、六、八、十、十二、十四、十六の各行の末は「了」
字で終わっているので名づけた。明代の荊州に好了道士なる者がいたと伝
える（『荊州府志』）」。〔註124〕註中指出，在原文〈好了歌〉中，第一、五、

〔註122〕伊藤漱平訳，曹雪芹原作，平凡社ライブラリー《紅楼夢》，東京都：株式会
　　　　社平凡社，2002 年 10 月 21 日，冊一，頁 49～50。

〔註123〕那道人笑道：「你若果聽見『好』、『了』二字還算你明白。可知世上萬般，『好』
　　　　便是『了』，『了』便是『好』。若不『了』，便不『好』；若要『好』，須是『了』。
　　　　我這歌兒，便名『好了歌』。」參自：曹雪芹原著、俞平伯校訂，《紅樓夢八十
　　　　回校本》，香港：中華書局香港分局，1975 年 1 月，冊一，頁 12。「この世の
　　　　ことは万事が、『には』は『とは』だ、『とは』は『には』だ……、それゆえ
　　　　拙道のこの歌は『にはとはづくし』と申しますがな」同註122，冊一，頁 51。

〔註124〕伊藤漱平訳，曹雪芹原作，平凡社ライブラリー《紅楼夢》，東京都：株式会
　　　　社平凡社，2002 年 10 月 21 日，冊一，頁 364。

九、十三各行的末尾是以「好」字做結。而第二、四、六、八、十、十二、
十四、十六各行則以了字爲終，因此名爲〈好了歌〉，可能典出於，《荊州府
志》中傳說在明代荊州有一好了道士。

　　伊藤漱平翻譯黛玉的〈葬花吟〉時與〈好了歌〉不同，日譯的〈葬
　　花吟〉脫離了原文的格式與音律，依詞意自創了全新的一首詞，原
　　文爲：
　　花謝花飛飛滿天，紅消香斷有誰憐。
　　遊絲軟繫飄春榭，落絮輕沾撲繡簾。
　　閨中女兒惜春暮，愁緒滿懷無釋處，
　　手把花鋤出繡簾，忍踏落花來復去。〔註125〕

　　花吹雪　空を蔽える花のとき
　　その色香　失せては誰か憐まん
　　ゆらゆらと　遊絲は　春榭にゆれ
　　ふうわりと　沾れる柳絮ぞ　簾を叩ける
　　閨深き　少女子は　逝く春惜しみ
　　胸満たす　愁いの緒　解くるひまなし
　　花鍬を　纖き手に　閨立ちいでしが
　　散る花を　踏みしだくさえ　傷ましや。〔註126〕

日譯〈葬花吟〉的內容與原文相符；形式是和歌雅言體，文字優美典雅，朗
誦時音律如歌，與原文的歌行體有異曲同工之妙。

　　伊藤漱平翻譯寶玉與薛蟠等人所做的〈女兒令〉，則力求形式排列工整，
與〈葬花吟〉的翻譯方法大不相同。音韻上女兒悲、愁、喜、樂：譯爲日文
發音時皆爲四個字母，可見伊藤漱平翻譯時的用心與雕琢。

　　原文爲：
　　女兒悲，青春已大守空閨。
　　女兒愁，悔教夫婿覓封侯。
　　女兒喜，對鏡晨妝顏色美。

〔註125〕曹雪芹原著、俞平伯校訂，《紅樓夢八十回校本》，香港：中華書局香港分局，
　　　　1975 年 1 月，冊一，頁 282～284。
〔註126〕伊藤漱平訳，曹雪芹原作，平凡社ライブラリー《紅楼夢》，東京都：株式会
　　　　社平凡社，2002 年 10 月 21 日，冊三，頁 257～261。

女兒樂，鞦韆架上春衫薄。〔註127〕

譯文爲：

　娘 は悲しむ──年がいってももらい手なしとは

　娘は愁える──婿がねの尻を叩いて悔いにけり

　娘は喜ぶ──惚れ惚れと　鏡あいてに朝化粧

　娘は楽しむ──鞦韆漕ぎ　春着まとって薄物の〔註128〕

悲爲「かなしむ」、愁爲「うれえる」、喜爲「よろこぶ」、樂爲「たのしむ」。因爲都是動詞，因此結尾也都是以「う」段音結尾，讀起來具有歌謠韻文的特徵。

三、中日文之差異

　　與其他語言相比如英文、法文等，中日文之間的差異應是最小。對其他語言而言，單單是《紅樓夢》一詞，就找不到合適的譯語，如某些英譯本，最後索性譯作《A Table of the Stone》（石頭記）。〔註129〕如在《紅樓夢》中具有很重要象徵意味的「紅」字，在日本的文化中，紅色象徵正面的意象：如吉祥、眞誠、熱枕，這與中國文化中紅色象徵著吉祥、富貴、青春等意象很接近，所以譯者在翻譯時並不需費太多的精神，而讀者也能直接理解。

　　中文是屬單音節的語言，因此諧音、暗示等都是中文獨有的特色。當翻譯者譯到這類的文字時，可以直接譯爲母語，也可以仔細解釋。伊藤譯本通常會於附註中加入解釋。如「青埂峰」的「青埂」與「情根」音相通，在註中寫道：「雖然北京音「埂」（geng）與「根」（gen）其語尾的子音相異，因作者曹雪芹幼年於江南地方渡過，因此將「埂」與「根」通用可以理解。」〔註130〕

　　〈終身誤〉、〈恨無常〉、〈分骨肉〉、〈樂中悲〉、〈世難容〉、〈喜冤家〉、〈虛花悟〉、〈聰明累〉、〈留余慶〉、〈晚韶華〉、〈好事終〉這十一首《紅樓夢》曲名，

〔註127〕曹雪芹原著、俞平伯校訂，《紅樓夢八十回校本》，香港：中華書局香港分局，1975 年 1 月，冊一，頁 292。

〔註128〕伊藤漱平訳，曹雪芹原作，平凡社ライブラリー《紅楼夢》，東京都：株式会社平凡社，2002 年 10 月 21 日，冊三，頁 287～288。

〔註129〕參自：曹聰孫，〈翻譯用詞與詞典釋義─說譯本、譯文中的一個誤區〉，津圖學刊，1999 年○一期，頁 65。

〔註130〕伊藤漱平訳，曹雪芹原作，平凡社ライブラリー《紅楼夢》，東京都：株式会社平凡社，2002 年 10 月 21 日，冊一，頁 356。

因文字較爲古雅，以漢語爲母語的讀者，也不容易理解，必須看了曲文內容後，才能對曲名有所了解。尤以〈虛花悟〉、〈聰明累〉、〈留余慶〉、〈晚韶華〉等曲名對日本讀者而言，更有文化與文字上的距離。因此伊藤譯本的譯法將曲名譯得更白話易懂，使這些用較艱澀中文所寫成的曲名，更容易讓日本讀者理解：

〈終身誤〉：百年の不作（百年不作在日文中，指的便是錯誤的配偶，導致一生的失敗。）〔註131〕

〈枉凝眉〉：眸をこらすもあだ（枉然凝神的眼眸）

〈恨無常〉：無常こそうらめしかれ（正是無常可恨）

〈分骨肉〉：骨肉ともわかれて（骨肉分離）

〈樂中悲〉：うれしとも悲しとも（樂中亦有悲）

〈世難容〉：世とあわぬ（與世不容）

〈喜冤家〉：目のかたき（在日文中指的是，可恨的冤家）

〈虛花悟〉：花のいのち短くて（短暫的花期）

〈聰明累〉：聡明に過ぎて（過度聰明）

〈留余慶〉：情け人のためならず（在日文中，此句的意思便是助人而人助之意）〔註132〕

〈晚韶華〉：晚年の春（晚年的春天）

〈好事終〉：好きこと終わる（好事終了）

若日文諺語中有與原文曲名意思相符者，如：〈終身誤〉譯爲「百年の不作」；〈喜冤家〉譯爲「目のかたき」；〈留余慶〉譯爲「情け人のためならず」。其餘則譯爲淺顯易懂的日文，以縮短中日兩國文字上的距離。

〔註131〕一生の失敗。取り返しのつかない過ち。參自：CASIO EX-WORD XD-S5000 電子辞書・大辞泉。生涯悔やまれるしくじり。一生の失敗。特に、できの悪い相手と結婚した場合にいうことが多い。參自：三省堂大辞林第二版「百年の不作」條。意謂：一生的失敗，不能挽回的錯誤。懊悔一生的失敗，特別指的是與不對的人結婚。

〔註132〕人に親切にすれば、その相手のためになるだけでなく、やがてはよい報いとなって自分にもどってくる、ということ。誤って、親切にするのはその人のためにならないの意に用いることがある。參自：CASIO EX-WORD XD-S5000 電子辞書・大辞泉。意謂：無意中幫助別人，不只對那人有幫助，不久後還會有好的果報回報到自己身上。

　　日文的擬聲詞，在數量與分類上十分細緻，使用的廣泛程度超越其他語言。因此《紅樓夢》中的擬聲詞，譯成日文讓日本讀者很容易接受。如劉姥姥第一次進榮國府時，在鳳姐房中聽到的時鐘聲：「小丫頭們斟了茶來吃茶。劉姥姥只聽見咯噹咯噹的響聲。」〔註133〕伊藤譯本譯爲「するうちふと劉婆さんは『カッチンカッチン』という物音を聞きつけました。」〔註134〕此處用的是日文中，形容時鐘的聲音常用的擬聲『カッチンカッチン』一詞，利用現代常用的擬聲詞，讓譯文更貼近日本讀者。

　　賈蓉與鳳姐說話時的笑聲：……賈蓉聽說，嘻嘻的笑著在炕沿上半跪道：「嬸子若不借，又說我不會說話了。」〔註135〕這裡的「嘻嘻笑著」伊藤譯本譯爲：「賈蓉はそれを聞くと、「クスクス」と笑いながら。」。〔註136〕「クスクス」的笑，在日文中是忍著笑或壓低聲音笑的意思。與賈蓉此時的嘻皮笑臉形貌有些出入，雖是使用現代讀者易懂的擬聲字，但「クスクス」的笑，形象過於直接，與原著所欲表達賈蓉與鳳姐曖昧的互動不相符。

〔註133〕曹雪芹原著、俞平伯校訂，《紅樓夢八十回校本》，香港：中華書局香港分局，1975 年 1 月，冊一，頁 65。

〔註134〕伊藤漱平訳，曹雪芹原作，平凡社ライブラリー《紅楼夢》，東京都：株式会社平凡社，2002 年 10 月 21 日，冊一，頁 213。

〔註135〕同註 133，冊一，頁 67。

〔註136〕同註 134，冊一，頁 222。

第六章　結　論

第一節　伊藤譯本之意義與貢獻

一、《紅樓夢》日譯本之承先啓後

自森槐南第一個《紅樓夢》譯本問世，長井金風、島崎藤村等人不斷的將自己喜愛的《紅樓夢》片段摘譯出來。這些文人多數具有閱讀中文的能力，因此片段摘譯對他們來說，就如同寫讀書手記，並不困難。到了大正時期，才有較完整的節譯本問世，大正時期正是日本文學進入自由唯美的時代，也就是對各種文學具有開放性、包容性的時期。此時將《紅樓夢》前八十回節譯完成的譯本，如：幸田露伴的《國譯紅樓夢》，以及富士正晴、武部利男的節譯本〔註1〕等，已讓讀者可以完整閱讀到《紅樓夢》的全貌。

全譯本，最重要的就是松枝茂夫與伊藤漱平兩師徒的譯作。松枝茂夫出版兩次全譯本《紅樓夢》、伊藤漱平出版四次全譯本《紅樓夢》，合計便有六次之多。松枝茂夫的著作與研究範圍廣泛，因此對於《紅樓夢》除了翻譯之外，並無太多的鑽研與研究論文問世。反而是其弟子伊藤漱平，除承接《紅樓夢》的翻譯工作，改譯三次《紅樓夢》外，他在曹學、版本學上有極多的論文發表與貢獻。

在這麼多日譯本中，伊藤譯本居承先啓後的地位。西元一九九二年，當

〔註1〕 曹雪芹原著，富士正晴、武部利男訳，カラー版世界文学全集《紅樓夢》，東京都：株式会社河出書房，1968 年 8 月 15 日。

又有新的校本《脂硯齋重評石頭記匯校》出版時，伊藤漱平利用到中國參加
研討會之便，買了一套《匯校》送給松枝茂夫：

> 我得到的禮物之一是這五巨冊《匯校》。……將平郵寄回的一套送給
> 了松枝老師。他十分高興地說，"出來啦"。那時老師還不知道這本
> 書已經出版。在盼望已久的改譯工作實現以後，可以看到老師有一
> 種已將《紅樓夢》委託給來者的心境。當參照《匯校》進行這次改
> 譯之時，我不由得感到了松枝老師遞過來的接力棒的分量。〔註2〕

這除了是松枝茂夫與伊藤漱平師生，在《紅樓夢》譯本與研究上的傳承關係
外，也是伊藤漱平在日譯本誕生數十年歷史中，於日本紅學界所居地位的最
佳寫照。伊藤漱平謙虛恭讓，他孜孜不倦吸收前人的研究成果，也對後進學
者多有提攜愛護之情，在學界受到敬重。

二、伊藤譯本嚴謹考究

　　日譯《紅樓夢》的演變逐漸成熟自成一套系統，且有自己的特色。伊藤
漱平前後四次出版的全譯本，可說已達日文全譯本的顛峰。他的翻譯特色如：
忠實翻譯、版本考究、註釋清楚……。風格嚴密的譯文、詳盡註釋與解說中
豐富的研究成果，也開啓了未來譯者的視野。他本身是紅學家，又是版本考
證家，因此他對自己的作品極為嚴格。這種研究性格，使伊藤漱平的譯本華
麗、精緻考究。譯本的語言表現方法，謹嚴又不過於拘泥。又經過了數次改
譯，使其作品經過更多鍛鍊與精研。他對原作的熱愛與誠意、花費長時間來
譯著、對中國文學與文化有極深的了解等方面的基礎要件，使其譯本成為令
人驚嘆與佩服的作品，也令後來的譯者難以望其項背。

　　其後的譯者：如飯塚朗便極力脫出松枝茂夫、伊藤漱平一派的翻譯風格。
注意到一般讀者及兒童的重要性，開始有新的創作式譯文出現。譯者有自己
的風格是很不容易的事，伊藤漱平曾說：

> 松枝老師曾說過，在著手翻譯《紅樓夢》，邊參照龍城苦心先行翻譯
> 的內容邊進行之時，反覆讀下來，就有被譯文拉著鼻子走的感覺，
> 因此，便改變方法先自己翻譯，然後，再進行對照、參考。實際上，
> 我在開始翻譯之時也有過相同經歷，所以跟松枝老師一說，他便跟

〔註2〕　伊藤漱平，〈二十一世紀紅學展望──一個外國學者論述《紅樓夢》的翻譯問
　　　　題〉，紅樓夢學刊，1997 年增刊，頁 29。

> 我講了以上的經驗。把用漢字寫成的原文移植爲由中國傳來的漢字
> 的日文，無論如何總是容易被拉著走的。尤其是我翻譯時，已有了
> 兩種譯本，更是如此。〔註3〕

由此可知，譯者因對原作反覆閱讀，不但容易被原作影響，也會因參考已出版的譯文，而影響到自己的翻譯方式。因此對譯者來說，譯文有自己的風格是很重要的課題。更期望未來能有如伊藤漱平這般，窮一生之力，翻譯研究《紅樓夢》的學者出現，接下日本紅學界先進學者手中沈重的接力棒，爲《紅樓夢》的傳播盡一分力。

三、《紅樓夢》流傳日本更爲深廣

由前幾章的論述可得知，翻譯並不是次等的文學。而做翻譯的人，並非沒有創作才華的人，翻譯者其實必須具有一顆謙虛的心。他必須對兩種語言、兩種文化皆熟悉精通，才能譯出良好的作品。而翻譯《紅樓夢》遠比翻譯一般小說困難，《紅樓夢》中本身便包羅萬象。有文學與經典、有文化與語言、有藝術與人文、有詩詞與歌賦。即使是以漢語爲母語的讀者，都必須花一番工夫才能領略《紅樓夢》之美。更何況翻譯者必須翻譯出《紅樓夢》，又不讓它失去趣味與美感，這才是最困難的一點。

有一個好的譯本，是讓《紅樓夢》更爲深廣流傳的重要因素。目前流傳的日譯本中，譯文完整且能讓讀者領略讀《紅樓夢》樂趣者：一是松枝茂夫於岩波書店出版的全三冊，全譯本《紅樓夢》；一是伊藤漱平於平凡社出版的兩套全譯本：全三冊奇書系列《紅樓夢》與全十二冊ライブラリー系列《紅樓夢》；最後是飯塚朗的全三冊全譯本《私版・紅樓夢》。此三種譯本，都是一百二十回全譯本，譯註清楚的優良版本。松枝茂夫版風雅；伊藤漱平版華麗；飯塚朗版柔和，各有特色。對讀者而言，第五回的十二支〈紅樓夢曲〉最爲艱澀難懂，很容易因爲譯本所譯之詩句過於難懂，但若略過不讀，便失去了閱讀時抽絲剝繭，一一印證的閱讀樂趣，此三種譯本，在詩句的翻譯上都極力完成，伊藤譯本尤其著力於此。他在處理第五回的金陵十二釵判詞與十二支〈紅樓夢曲〉的曲文，配合日本讀者的閱讀習慣，用和歌雅言的方式翻譯。使日本讀者也能領略曲文中的隱喻，在閱讀至十二金釵陸續出場後，

〔註3〕　伊藤漱平，〈二十一世紀紅學展望——一個外國學者論述《紅樓夢》的翻譯問題〉，紅樓夢學刊，1997 年增刊，頁 24～25。

也可因爲判詞與情節符合，而會心一笑且引起興趣。由此可知，好的譯本在讀者的好評下，閱讀的人士更多，也能流傳更廣。

翻譯本也是保留紅學資料的一項重要管道，以日譯本爲例，伊藤漱平與松枝茂夫的譯本，不約而同引用了甲戌本的資料。卷首「凡例紅樓夢旨義……，至吳玉峰題曰紅樓夢……，脂硯齋甲戌抄閱再評仍用石頭記。」〔註 4〕以上皆是由甲戌本補入。中文版的讀者無法在中文版中看到，反而是翻譯本讀者如日譯本或韓譯本讀者能讀到。使日韓譯本在學術上的貢獻，受到更多紅學家的注意。除了在《紅樓夢》上的貢獻外，對中國文學與文化的推介，在其譯本中處處可見。甚至閱讀《紅樓夢》的讀者也不清楚的文學內容與文化風俗，伊藤譯本皆細心的列出並解釋。此譯本的確能促進讀者更進一步涉獵其他文學作品的動機。

四、引起日本學者注意《紅樓夢》

伊藤漱平的努力，讓日本學界的研究，在世界的紅學大會中發聲。也引起日本學者對《紅樓夢》研究的注意，發表了許多論文如：兩篇發表在《岡村貞雄博士古稀記念中国学論集》〔註 5〕中的論文：森中美樹〈「紅楼夢」中の海棠〉；船越達志〈王熙鳳の形象〉，中文譯名爲〈《紅樓夢》中的海棠〉與《王熙鳳的形象》。松枝茂夫於《中国文学のたのしみ》〔註 6〕一書中發表的兩篇與《紅樓夢》相關的文章：〈『紅楼夢』の文学〉、〈『紅楼夢』の女性について〉，中文譯名爲〈《紅樓夢》的文學〉、〈關於《紅樓夢》的女性〉。另外小川環樹於其著作集〔註 7〕中收錄的〈『紅楼夢』略説〉、〈レニングラードで発見された『紅楼夢』の写本〉中文譯名爲〈《紅樓夢略說》〉、〈列寧格勒所發的《紅樓夢》抄本〉。合山究所著的《紅樓夢新論》〔註 8〕則是日本令人注目的紅學研究專著。另外如池間理代子的〈『紅楼夢』の構造〉〔註 9〕中文譯名爲〈《紅

〔註 4〕 伊藤漱平訳，曹雪芹原作，平凡社ライブラリー《紅楼夢》，東京都：株式会社平凡社，2002 年 10 月 21 日，冊一，頁 359。

〔註 5〕 岡村貞雄博士古稀記念中国学論集刊行会編，《岡村貞雄博士古稀記念中国学論集》，東京都：株式会社白帝社，1998 年 8 月。

〔註 6〕 松枝茂夫，《中国文学のたのしみ》，東京都：株式会社岩波書店，1998 年 1 月。

〔註 7〕 小川環樹，《小川環樹著作集》，東京都：筑摩書房，1997 年 4 月。

〔註 8〕 合山究，《紅樓夢新論》，東京都：汲古書院，1997 年 3 月。

〔註 9〕 收於：沼尻正隆編，《沼尻博士退休記念中国学論集》，東京都：沼尻正隆先生古稀紀念事業会，1990 年 11 月。

樓夢》的構造〉。另有比較文學的論著，目加田さくを所著之〈紅楼夢と源氏
物語──対偶よりみたる〉〔註 10〕中文譯名爲〈從對偶來看《紅樓夢》與源
氏物語〉……，等爲數不少的紅學研究論文，可見日本學者因爲日譯本的普
及影響，對《紅樓夢》的研究也一直多所關注。

第二節　總　結

一、本文成果與未來研究方向

　　本文的研究成果：歸納了譯者伊藤漱平的生平與學術成果。伊藤漱平從
學習時代到教學研究時代的各項重要大事，伊藤漱平與俞平伯及紅學界的交
流；突顯伊藤漱平的重要性。從許多散於各處的論文中收集整理出更完整更
近期的《紅樓夢》日本流傳史，以補足伊藤漱平與胡文彬等先進學者，論文
發表之後的流傳近況。用與譯評不同的角度，仔細從譯本的特色、文化歷史
的知識與語言表現方法來探討伊藤譯本的優點及貢獻。四次譯本前後的差異
比較，也是研究成果之一。

　　未來的研究方向，將更加深探討的深度與廣度。一部文學作品的誕生，
是經由琢磨而來，伊藤漱平對自己作品高度的要求，譯本的語言特色與魅力，
前後四次出版的譯本，因版本的不同而產生的變化，以及其修改的程度，都
是值得我們再度深究的議題。論文的廣度，則是將研究範圍擴及所有日譯本
的作者與譯本研究，整理日本《紅樓夢》研究的全體成就與各種譯本的特色
比較。爲《紅樓夢》在日本的流傳發展史整理出更清晰的脈絡，使各種日譯
本能更廣爲人知。

二、研究心得與感想

　　本文研究過程，最困難的爲資料收集。伊藤譯本四個版本，除了於西元
一九九七年出版之ライブラリー系列尚可購得外，其餘三個版本只能從各大
圖書館借出。紅學論文與資料繁多，但與日譯本相關的資料，以及日文的第
一手資料，在台灣各圖書館的藏書量皆不足。所幸現今科技進步，不論台灣、
中國、日本，的各種期刊論文資料，皆可以透過網路搜尋，再一一取得原文

〔註 10〕源氏物語探究会編，《源氏物語の探究》，東京都：風間書房，1989 年 9 月。

資料。研究的過程中，對日文資料的掌握能力由生澀至熟稔，是做此研究最意外的收穫。本文的研究角度雖以客觀自勉，但生恐因閱讀資料過少、不夠縝密而使研究視野過於狹窄及主觀。期望能有更多研究者涉獵相關的研究，以豐富日譯《紅樓夢》這個研究領域。

參考文獻

一、本文主要參考書目（依作者姓名筆畫排列）

1. （清）永瑢、紀昀等奉敕撰，《景印文淵閣四庫全書》，臺北市：臺灣商務印書局，1985 年 8 月 31 日。

2. 大曾根章介，《日本漢文學論集・第三卷》，東京都：汲古書院，1999 年 7 月 26 日。

3. 小川環樹，《中国小説史の研究》，東京都：株式会社岩波書店，1968 年 11 月 29 日。

4. 日外アソシエーツ編集部，《中国文学専門家事典》，東京都：日外アソシエーツ株式会社，1980 年 10 月 8 日。

5. 王大方，《紅樓説夢》，臺北市：幼獅文化事業公司，1980 年 3 月。

6. 王琢，《二十世紀中日比較文學研究的回顧與展望》，杭州市：中國美術學院出版社，2002 年 3 月 1 日。

7. 王琢、饒芃子，《中日比較文學研究資料匯編》，杭州市：中國美術學院出版社，2002 年 3 月 1 日。

8. 王麗娜，《中國古典小說戲曲名著在國外》，上海：學林出版社，1988 年 8 月。

9. 古田敬一，《中国文学の比較文学の研究》，東京都：汲古書院，1986 年 3 月 31 日。

10. 吉田誠夫、高野由紀夫、桜田芳樹，《中国文学研究要覧一九四五〜一九七七戦後編》，東京都：日外アソシエーツ株式会社，1979 年 10 月 5 日。

11. 竹田　晃，《中国における小説の成立》，東京都：財団法人放送大学教

育振興会，1997 年 3 月 20 日。

12. 竹内　誠，《大系日本の歴史——江戸と大坂》，東京都：株式会社小学館，1993 年 4 月 20 日。

13. 余英時、周策縱等著，《曹雪芹與紅樓夢》，臺北市：里仁書局，1985 年 1 月 15 日。

14. 別宮貞德，《翻訳読本——初心者のための八章》，東京都：株式会社講談社，1984 年 5 月 20 日。

15. 吳宏一，《紅樓夢研究》第一冊，臺北市：巨浪出版社，1974 年 7 月。

16. 吳錫德，《翻譯文學與文學翻譯》，臺北市：城邦文化事業股份有限公司，2002 年 2 月 5 日。

17. 宋隆發，《紅樓夢研究文獻目錄》，臺北市：臺灣學生書局，1982 年 6 月。

18. 岑佳卓編著，《紅樓夢探考》，臺北市：岑佳卓出版，1985 年 9 月。

19. 李福清著　田大畏譯，《紅樓夢在蘇聯》，臺北市：台灣學生書局，1991 年 3 月 1 日。

20. 李廣柏，《曹雪芹評傳》，南京市：南京大學出版社，1998 年 12 月。

21. 李樹果，《日本譯本小説與明清小説——中日文化交流史的透視》，天津市：天津人民出版社，1998 年 6 月。

22. 那宗訓，《臺灣所見紅樓夢研究書目》，臺北市：新文豐出版社，1982 年 9 月。

23. 和泉式部著、林文月譯，《和泉式部日記》，臺北市：三民書局股份有限公司，1997 年 10 月。

24. 周中明，《紅樓夢的語言》，臺北市：貫雅文化事業有限公司，1992 年 5 月。

25. 周中明，《紅樓夢——迷人的藝術世界》，臺北市：貫雅文化事業有限公司，1991 年 8 月。

26. 周佳榮，《近代日本文化與思想》，臺北市：臺灣商務印書館股份有限公司，1994 年 6 月。

27. 東京大学中国文学研究室編，《中国の名著——その鑑賞と批評——》，東京都：株式会社勁草書房，1987 年 10 月 30 日。

28. 東京大学文学部中国文学研究室編，《近代中国の思想と文学》，東京都：株式会社大安，一九六七年 7 月 1 日。

29. 松枝茂夫訳，曹雪芹原著，《紅楼夢》，東京都：岩波書店，1972 年 5 月十六日。

30. 林以亮，《文學與翻譯》，臺北市：皇冠出版社，1984 年 12 月 1 日。

31. 林以亮，《紅樓夢西遊記》，臺北市：聯經出版事業公司，1977 年 7 月。

32. 林慶彰,《學術論文寫作指引》,臺北市:萬卷樓圖書有限公司,2001 年 9 月。

33. 河野一郎,《翻訳上達法》,東京都:株式会社講談社,1983 年 8 月 5 日。

34. 芝田　稔,《日本中国ことばの往来》,東京都:株式会社白帝社,1987 年 6 月 20 日。

35. 近藤春雄,《中国学芸大事典》,東京都:株式会社大修館書局,1995 年 11 月 20 日。

36. 俞平伯,《紅樓夢研究》,臺北市:里仁書局,1997 年 4 月 30 日。

37. 胡文彬,《冷眼看紅樓》,北京市:中國書店,2001 年 7 月。

38. 胡文彬,《紅樓夢在國外》,北京市:中華書局,1993 年 11 月。

39. 胡文彬,《魂牽夢縈紅樓情》,北京市:中國書店,2000 年 1 月。

40. 胡適,《中國古典小說研究》(胡適文存第三集・第五、六卷),臺北市:遠流出版事業股份有限公司,1986 年,5 月 31 日。

41. 胡適,《水滸傳與紅樓夢》(胡適文存第一集・第三卷),臺北市:遠流出版事業股份有限公司,1994 年,2 月 1 日。

42. 孫玉蓉,《俞平伯年譜》,天津市:天津人民出版社,2001 年 1 月。

43. 孫玉蓉,《俞平伯散文選集》,天津市:新華書店天津發行所,1992 年 1 月。

44. 海後宗臣、伏見猛彌、渡邊　誠、平塚益德著,《日本教育史》,東京市:目黑書店,一九三八年 11 月 5 日。

45. 高木市之助編,《岩波小辭典——日本文學——古典》,東京都:株式会社岩波書店,一九六七年 3 月 10 日。

46. 高陽,《紅樓一家言》,臺北市:聯經出版事業公司,1976 年 8 月。

47. 高陽,《高陽說曹雪芹》,臺北市:聯經出版事業公司,1983 年 1 月。

48. 國立中央圖書館台灣分館,《日文中國研究資料目錄》,臺北市:國立中央圖書館台灣分館,1992 年 3 月。

49. 國立嘉義大學中國文學系所編,《第二屆中國小說戲曲國際研討會論文集》,嘉義縣:國立嘉義大學中國文學系所編,2005 年 4 月 9～10 日。

50. 國家古風叢書編輯委員會,《曹雪芹》,臺北市:國家出版社,1992 年 9 月 1 日。

51. 張振玉,《翻譯散論》,臺北市:東大圖書股份有限公司,1993 年 6 月。

52. 張振玉,《譯學概論》,臺北市:五福出版社,1975 年 10 月 10 日。

53. 張國風,《紅樓夢的趣談與索解》,北京市:春風文藝出版社,1997 年 10 月 1 日。

54. 張寶三，楊儒賓，《日本漢學研究初探》，臺北市：財團法人喜瑪拉雅研究發展基金會，2002 年 3 月 1 日。

55. 曹雪芹原著，《紅樓夢》，臺北市：佳禾圖書社，1982 年 1 月 1 日。

56. 曹雪芹原著，《紅樓夢》，臺北市：金楓出版有限公司，1987 年 5 月。

57. 曹雪芹原著，《乾隆甲戌本脂硯齋重評石頭記》，臺北市：胡適紀念館，1975 年 12 月 17 日。

58. 曹雪芹原著，陳慶浩主編《新編石頭記脂硯齋評語輯校》，臺北市：聯經出版事業公司，1979 年 11 月。

59. 曹雪芹原著，富士正晴、武部利男訳，カラ一版世界文学全集《紅樓夢》，東京都：株式会社河出書房，1968 年 8 月 15 日。

60. 曹雪芹原著、俞平伯校訂，《紅樓夢八十回校本》，香港：中華書局香港分局，1975 年 1 月。

61. 清少納言著、林文月譯，《枕草子》，臺北市：中外文學月刊社，1989 年 1 月。

62. 許淵沖，《文學翻譯談》，臺北市：書林出版社，1998 年 1 月 1 日。

63. 許淵沖，《紅與黑新譯本》，臺北市：書林出版社，1998 年 1 月 1 日。

64. 陸松齡，《日漢翻譯藝術》，臺北市：臺灣商務印書館股份有限公司，1996 年 2 月。

65. 紫式部著、林文月譯，《源氏物語上、下》，臺北市：中外文學月刊社，1989 年 5 月。

66. 華中初級學院，《紅樓夢研討會論文集》，華中初級學院，1991 年 7 月 13 日。

67. 馮明惠，《中外比較文學研究第一冊（下）》，臺北市：台灣學生書局，1980 年 9 月 1 日。

68. 黃本驥、瞿悅園著，《歷代職官表》，臺北市：樂天出版社，1974 年 3 月。

69. 黃龍，《紅樓新論》，江蘇省：江蘇教育出版社，1993 年 8 月 1 日。

70. 新間進一、井上宗雄、前田　愛，《日本文學史》，東京都：株式会社旺文社，1975 年 1 月 10 日。

71. 鄒如昌（周汝昌），《曹雪芹傳》，臺北市：國際文化出版社，1984 年。

72. 端木良蕻，《曹雪芹》上卷，北京市：北京出版社，1980 年 1 月。

73. 趙建忠，《紅學管窺》，長春市：吉林人民出版社，2001 年 12 月 1 日。

74. 趙爾巽等著，《清史稿校註》，臺北縣：國史館，1986 年 2 月。

75. 蔡義忠，《從施耐庵到徐志摩》，臺北市：清流出版社，1977 年 12 月 1 日。

76. 鄭茂清，《中國文學在日本》，臺北市：純文學出版社有限公司，1981 年 10 月。

77. 鄭樹森，《文學理論與比較文學》，臺北市：時報文化出版事業有限公司，1982 年 11 月 20 日。

78. 增田 涉，《西学東漸と中国事情》，東京都：株式会社岩波書店，1979 年 2 月 22 日。

79. 魯迅，《中國小説史略》，臺北市：風雲時代出有限公司，1992 年 10 月。

80. 謝天振，《比較文學與翻譯研究》，臺北縣：業強出版社，1994 年 7 月 1 日。

81. 鍾彩鈞編，《中國文哲研究的回顧與展望論文集》，臺北市：中央研究院中國文哲研究所，1992 年 5 月 30 日。

82. 羅青，《從徐志摩到余光中》，臺北市：爾雅出版社，1978 年 12 月 31 日。

83. 藤島達郎、野上俊靜編，《東方年表》，京都市：平楽寺書店，1998 年 3 月 20 日。

84. 嚴紹璗，《中國文化在日本》，北京市：新華出版社出版發行，1993 年 12 月。

85. William Kenny 著，陳迺臣譯，《小說的分析》，臺北市：成文出版社有限公司，1977 年 6 月。

86. Yves Chevrel 著，馮玉貞譯，《翻譯和翻譯作品》，臺北市：遠流出版事業股份有限公司，1991 年 12 月 1 日。

二、伊藤漱平著作

1. 曹雪芹原作，伊藤漱平訳，平凡社中国古典文学全集《紅楼夢》，東京都：株式会社平凡社，1960 年 2 月 21 日。

2. 曹雪芹原作，伊藤漱平訳，平凡社中国文学大系《紅楼夢》，東京都：株式会社平凡社，1970 年 2 月 16 日。

3. 曹雪芹原作，伊藤漱平訳，平凡社奇書シリーズ《紅楼夢》，東京都：株式会社平凡社，1973 年 5 月 10 日。

4. 曹雪芹原作，伊藤漱平訳，平凡社ライブラリー《紅楼夢》，東京都：株式会社平凡社，2002 年 10 月 21 日。

5. 伊藤漱平訳，中国現代文学選集《われら愛情の種をまく》，東京都：株式会社平凡社，一九六三年 7 月 5 日。

6. 伊藤漱平，《児戯生涯――一読書人の七十年》，東京都：汲古書院，1994 年 10 月。

7. 伊藤漱平教授退官記念中国学論集刊行委員会，《伊藤漱平教授退官記念

中国学論集》，東京都：汲古書院，1986 年 3 月 31 日。

8. 伊藤漱平、中島利郎編，《魯迅、增田　涉，師弟答問集》，東京都：株式会社汲古書院，1988 年，3 月 10 日。

9. 增田　涉著、伊藤漱平編，《雜書雜談》，東京都：株式会社汲古書院，1983 年，3 月 10 日。

10. 伊藤漱平、駒田信二、立間祥介訳，《今古奇觀下、嬌紅記》，東京都：株式会社平凡社，1979 年 10 月 1 日。

11. 伊藤漱平編，《中国の古典文学——作品選読——》，東京都：財団法人東京大学出版会，1981 年 4 月 1 日。

12. 伊藤漱平，《伊藤漱平著作集・第五卷　中國近現代文學・日辭文學編》，東京都：汲古書院，2010 年 12 月 21 日。

13. 伊藤漱平，〈《紅樓夢》成書史臆説——圍繞七十回本存在的可能性〉，國外社會科學，1994 年 9 月。

14. 伊藤漱平，〈論曹雪芹晚年的“佚著”——圍繞《廢藝齋集稿》等眞僞問題的札記〉，紅樓夢研究集刊，1981 年 10 月。

15. 伊藤漱平，〈李笠翁の像画（上）〉，汲古，1988 年 12 月。

16. 伊藤漱平，〈李笠翁の像画（下）〉，汲古，1990 年 6 月。

17. 伊藤漱平，〈『魯迅、增田　涉，師弟答問集』跋文補記〉，汲古，1986 年 12 月。

18. 伊藤漱平，〈九七北京國際紅樓夢學術研討會開幕式上的致詞〉，紅樓夢學刊，1997 年增刊。

19. 伊藤漱平，〈近世食文化管窺——『金瓶梅』『紅樓夢』を”材料“として——〉，株式会社コミュニケーション，1992 年 4 月 15 日。

20. 伊藤漱平，〈二十一世紀紅學展望——一個外國學者論述《紅樓夢》的翻譯問題〉，紅樓夢學刊，1997 年增刊。

21. 伊藤漱平，〈《紅樓夢》在日本的流傳——江戶幕府末年至現代〉，紅樓夢研究集刊，1989 年 10 月。

22. 伊藤漱平，〈日本における『紅樓夢』の流行——幕末から現代までの書誌的素描〉，《中国文学の比較文学の研究》，1986 年 3 月 31 日。

23. 伊藤漱平，〈漫談日本《紅樓夢》研究小史〉，首屆國際紅樓夢研究會論文集，1983 年 3 月。

24. 伊藤漱平，〈曲亭馬琴と曹雪芹と——和漢の二大小説家を對比して論ず——〉，二松，1994 年 3 月 31 日。

25. 伊藤漱平，〈紅樓夢八十回校本について〉，大安，1958 年 7 月。

26. 伊藤漱平，〈紅樓夢圖畫——改琦『紅樓夢圖詠』を中心に——〉，二松

学舍大学東洋学研究所集刊，1996 年 3 月 31 日。

三、參考學位論文（依出版日期排列）

1. 許惠蓮，《《紅樓夢》劇曲三種之研究》，國立臺灣大學中文研究所碩士論文，1975 年 9 月 1 日。

2. 黑島千代，《聊齋志異與日本近代短篇小說的比較研究》，中國文化大學中研所碩士論文，1989 年 1 月 16 日。

3. 細木仁美，《身體に関する慣用表現——中国語と日本語を中心として———》，東吳大學日本文化研究所碩士論文，1989 年 6 月 1 日。

4. 宮以斯帖，《林語堂《京華煙雲》（張譯本）之研究》，中國文化大學中研所碩士論文，1992 年 6 月 1 日。

5. 鹽谷啓子，《阿 Q 正傳日本語譯文比較》，輔仁大學翻譯學研究所碩士論文，1996 年 2 月 1 日。

6. 林淑鈴，《千羽鶴中譯本比較》，輔仁大學翻譯學研究所碩士論文，1996 年 6 月 1 日。

7. 永井江理子，《現代中国文学翻訳百年——日本人が読んできた中国文学》，輔仁大學翻譯學研究所碩士論文，2000 年 7 月。

8. 增田政廣，《臺灣現代文學「多語言」現象之日譯策略》，輔仁大學翻譯學研究所碩士論文，2001 年 7 月 1 日。

四、期刊論文（依作者姓名筆畫排列）

1. 丸山　升，〈日本的魯迅研究〉，魯迅研究月刊，2000 年 11 月。

2. 王文斌，〈文學翻譯中的内化和外化〉，四川外語學院學報（重慶），1999 年第一期。

3. 王卉，〈淺析現代漢語顏色詞的構成、分類及特點〉，語文月刊，2005 年第十二期。

4. 王蕊，〈寫在《周作人俞平伯書信影真》出版之際〉，山西檔案，1999 年 4 月。

5. 叟積堂，〈《紅樓夢》日譯本有五種〉，紅樓夢研究集刊，1980 年第四輯。

6. 市成直子，〈試論《嬌紅記》在中國小說史上的地位〉，復旦學報（社會科學版），1995 年四期。

7. 合山　究，〈《紅樓夢》中的女人崇拜思想和它的源流〉，紅樓夢學刊，2000 年第一輯。

8. 合山　究，〈《紅樓夢》與花〉，紅樓夢學刊，2001 年第二輯。

9. 朱秋娟，〈談語用對比與翻譯〉，山東教育，1999 年二十六期。

10. 朱墨，〈全國《紅樓夢》翻譯研討會在津召開〉，紅樓夢學刊，2003 年第一輯。

11. 羽離子，〈李漁作品在海外的傳翻及海外的有關研究〉，四川大學學報（哲學社會科學版），2001 年第三期。

12. 何金蘭，〈文本、譯本、可讀性、可寫性、可傳性——試探「金雲翹傳」與「斷腸新聲」〉，漢學研究通訊，2001 年 8 月 1 日。

13. 李治華，〈略談《金瓶梅》法文全譯本〉，歐華學報，1993 年 5 月。

14. 李福清（Boris Riftin），〈《聊齋志異》在俄國——阿列克謝耶夫與《聊齋志異》的翻譯和研究〉，漢學研究通訊，2001 年 11 月。

15. 周珏良，〈談霍克斯英譯本《紅樓夢》〉，紅樓夢研究集刊，1980 年第三輯。

16. 屈小玲，〈日本漢學家飯塚朗記略〉，紅樓夢學刊，1993 年第三輯。

17. 林慶彰，〈日本漢學研究近況〉，應用語文學報，1999 年 6 月。

18. 雨虹，〈《紅樓夢》與外國文學作品研究綜述〉，紅樓夢學刊，1992 年第三輯。

19. 柯文禮，〈文學翻譯與哲學〉，南開學報（哲學社會科學版），1999 年第四期。

20. 洪濤，〈論《紅樓夢》譯評的若干問題——以《紅樓夢對聯中的典故譯介》一文爲中心〉，紅樓夢學刊，2003 年第一輯。

21. 逸紅，〈書評二則：一、「金瓶梅」法文全譯本 二、「煙壺」法譯本〉，歐華學報，1993 年 5 月 1 日。

22. 胡文彬，〈紅樓譯本知多少——《紅樓夢》海外傳播情況〉，文滙報，2003 年 10 月 21 日。

23. 胡文彬，〈海珠凝淚到今圓——赴台《紅樓夢》文化藝術展散記〉，紅樓夢學刊，1999 年第一輯。

24. 胡文彬，〈跨世紀的思考——寫在二〇世紀"百年紅學"的扉頁上〉，紅樓夢學刊，2003 年第二輯。

25. 孫玉明，〈"日本紅學"的奠基人——森槐南〉，紅樓夢學刊，2004 年第一輯。

26. 孫玉明，〈日本《紅樓夢》研究論著目錄〉，紅樓夢學刊，2002 年第一輯。

27. 孫玉明，〈日本學界對"《紅樓夢》研究批判運動"的關注與評論〉，河南教育學院學報（哲學社會學版），2004 年第五期。

28. 孫玉明，〈伊藤漱平的紅學成就〉，紅樓夢學刊，2005 年第一輯。

29. 孫玉蓉，〈寵也紅學，辱也紅學——記紅學家俞平伯的坎坷經歷〉，傳記

文學，2001 年 7 月。

30. 徐雁平，〈近代中日學術交流考論──以胡適與青木正兒爲中心〉，漢學研究，2002 年 12 月。

31. 秦禮君，〈漢語成語的日譯方式〉，日語知識，1997 年 2 月。

32. 崔溶澈，〈紅樓夢在韓國的影響及研究〉，中國文哲研究的回顧與展望論文集，1992 年 5 月 3 日。

33. 康保成，〈日本的中國古典文學教學及其對我們的啓示〉，中山大學學報論叢，1999 年第一期。

34. 張放，〈假作眞時眞亦假──《紅樓夢》作者考辨〉，四川大學學報（哲學社會科學版），1993 年 3 月。

35. 張桂貞，〈《今古奇觀》的德譯文本及其傳播〉，南開學報，1999 年第三期。

36. 張錦池，〈曹雪芹生年考論──兼談曹雪芹的卒年問題〉，石頭記研究專刊，1999 年 9 月 1 日。

37. 張錦池，〈曹雪芹生年考論──兼談曹雪芹的卒年問題論文提要〉，臺灣中央大學文學院甲戌年台灣紅學會議，1994 年 6 月 10 日～1994 年 6 月 12 日。

38. 曹聰孫，〈翻譯用詞與詞典釋義──說譯本、譯文中的一個誤區〉，津圖學刊，1999 年一期。

39. 陳力，〈《紅樓夢》東觀閣本及其相關問題〉，紅樓夢學刊，2003 年第一輯。

40. 陳明姿，〈『紅楼夢』と『源氏物語』における女性像──林黛玉と紫の上を中心にして〉，日本文学国際会議　会議録，1997 年 3 月 27 日至 1997 年 3 月 28 日。

41. 陳徒手，〈舊時月色下的俞平伯〉，讀書，1999 年 10 月。

42. 彭昆侖，〈無根之說牽強之論──評《紅樓夢》作者新說〉，紅樓夢學刊，1999 年第二輯。

43. 黃羽，〈一個認眞的靈魂──林文月〉，中央日報，2002 年 11 月 20 日。

44. 黃霖、顧越，〈記大冢秀高〉，明清小説研究，1999 年三期。

45. 塚本嘉寿，〈紅楼夢の二大ヒロイン、黛玉と宝釵──その心理的分析〉，日中文化研究，1992 年 7 月 10 日。

46. 楊昌年，〈俞平伯承傳清眞〉，歷史月刊，2001 年 5 月。

47. 路東平，〈略談《紅樓夢》中稱謂的使用及其翻譯〉，社科縱橫，1999 年第二期。

48. 鈴木陽一，〈古典小説を楽しむための本〉，月刊しにか，2001 年 4 月。

49. 趙景瑜,〈改變思維模式,振興科學學派——第十次《紅樓夢》問卷調查〉,紅樓夢學刊,1999 年第一輯。

50. 劉孔伏、潘良熾,〈論《紅樓夢》的時代背景與創作意圖〉,中國文化月刊,1995 年 6 月 1 日。

51. 劉永良,〈俞平伯、魯迅評紅讞論〉,紅樓夢學刊,1999 年第一輯。

52. 劉重德,〈翻譯學研究的新成果〉,湖北編輯學會主辦出版科學,2001 年9 月。

53. 劉廣定,〈林語堂的英譯紅樓夢〉,國家圖書館館刊,1996 年 12 月 1 日。

54. 劉廣定,〈從傳詩探《紅樓夢》的成書經過〉,臺灣中央大學文學院甲戌年台灣紅學會議,1994 年 6 月 10 日～1994 年 6 月 12 日。

55. 劉績生,〈漢語代詞的日譯處理〉,日語學習與研究,1997 年 2 月。

56. 潘重規,〈從曹雪芹的生卒年談《紅樓夢》的作者〉,國文天地,1994 年9 月 1 日。

57. 蔡義江,〈紅壇先賢印象記——紀念《紅樓夢學刊》創刊二十周年〉,紅樓夢學刊,1999 年第二輯。

58. 蔡義江,〈詩人曹雪芹〉,央視國際,2004 年 12 月 28 日。

59. 餘慧菊,〈論《嬌紅記》故事的文體嬗變〉,武漢大學藝術學系季刊《珞珈藝林》,2004 年 5 月。

60. 賴慈芸,〈也談紅樓夢人名英譯〉,明道文藝,1995 年 2 月 1 日。

61. 遲公緒,〈松枝茂夫談《紅樓夢》〉,紅樓夢研究集刊,1980 年第四輯。

62. 霍國玲,〈試論《紅樓夢》一書的寫作目的（一）〉,國文天地,1985 年 2月 1 日。

63. 霍國玲,〈試論《紅樓夢》一書的寫作目的（二）〉,國文天地,1985 年 5月 1 日。

64. 應鳳凰,〈《紅樓夢》英譯趣談（三）——風月寶鑑及其英譯〉,明道文藝,1994 年 12 月 1 日。

65. 應鳳凰,〈草成花,紅變綠——《紅樓夢》英譯趣談（二）〉,明道文藝,1994 年 11 月 1 日。

66. 應鳳凰,〈關於《紅樓夢》人名的英譯——《紅樓夢》英譯趣談（一）〉,明道文藝,1994 年 10 月 1 日。

67. 關前進,〈等效翻譯與英漢成語的互譯〉,安徽教育學院學報（哲學社會科學版）,1999 年 7 月。

68. 嚴紀華,〈林黛玉、薛寶釵在《紅樓夢》中的角色塑造——由俞平伯的「釵黛合一論」談起〉,華岡文科學報,1998 年 3 月。

69. 蘇宇,〈日本《紅樓夢》論文篇目索引（二）〉,紅樓夢研究集刊,1983

年第四輯。

五、參考網站

1. 二松学舎大学ホームページ
   http://www.nishogakusha-u.ac.jp/index.html
2. 元智大學,《紅樓夢》網路教學研究資料中心網站
   cls.hs.yzu.edu.tw/hlm/
3. 文藝春秋出版社ホームページ
   http://www.bunshun.co.jp/
4. 日本 Amazon 網路書店ホームページ
   http://www.amazon.co.jp
5. 史跡『湯島聖堂』管理団体財団法人斯文会の公式ホームページ
   http://www.seido.or.jp/index.html
6. 平凡社ホームページ
   http://www.heibonsha.co.jp/
7. 立命館大学ホームページ
   http://www.ritsumei.jp/
8. 全私学新聞
   http://www.zenshigaku-np.jp/
9. 全國漢籍データベース
   http://www.kanji.zinbun.kyoto-u.ac.jp/kanseki
10. 岩波書店ホームページ
    http://www.iwanami.co.jp/
11. 汲古書院ホームページ
    http://www.kyuko.asia
12. 東京大學網站
    http://www.u-tokyo.ac.jp/index_j.html
13. 東京大学文学部中国語中国文学研究室ホームページ
    http://www.l.u-tokyo.ac.jp/chubun/
14. 東洋学文献類目検索〔第 6.10 版〕
    http://ruimoku.zinbun.kyoto-u.ac.jp/ruimoku/
15. 紅樓藝苑　百家爭鳴
    http://www.openow.net/index.jsp
16. 紀伊国屋 BOOK WEB
    http://bookweb.kinokuniya.co.jp/
17. 講談社ホームページ
    http://www.kodansha.co.jp/

18. 国立国会図書館
    http://www.ndl.go.jp/
19. 訃報ナビ.com
    http://fuhounavi.com/
20. 東京大學廣報
    http://www.u-tokyo.ac.jp/gen03/kouhou/1396/06.htm/

六、其 他

1. 津田　武，《カタカナ語新辞典第五版》，東京都：旺文社

2. 陳達夫・凌星光編，《袖珍日漢・漢日辭典》，臺北市：大新書局出版，1996 年 7 月

3. 新村　出編，《広辞苑第五版》，東京都：岩波書店，1998 年 11 月 11 日

4. 謝逸朗編，萬人現代日華辭典，臺北縣：萬人出版社有限公司，1997 年。

5. 藤堂明保・松本　昭・竹田　晃編，《漢字源》，東京都：学習研究社，2001 年。

6. CASIO EX-WORD XD-S5000 電子辞書

7. Excite エキサイト 翻訳　中国語翻訳
   http://www.excite.co.jp/world/fantizi/

8. Excite エキサイト 辞書
   http://www.excite.co.jp/dictionary/japanese_chinese/

9. goo 辞書　http://dictionary.goo.ne.jp/

10. POP 辞書.com　http://www.popjisyo.com/

11. Yahoo 翻訳　http://honyaku.yahoo.co.jp/transtext

12. Yahoo 辞書　http://dic.yahoo.co.jp/